Vögel in Wald, Park und Garten

Kosmos-Feldführer

Kosmos-Feldführer sind neue Bestimmungsbücher, die Tiere und Pflanzen nicht nur als isolierte Objekte abbilden und beschreiben, sondern ihre Umweltbeziehung berücksichtigen. Sie sind daher nach Lebensräumen gegliedert.

Es sind bisher erschienen:
Die Vögel der Meeresküste
Die Fische der Nordsee

Demnächst erscheinen:
Pilze I
Pilze II
Bäume und Sträucher des Mittelmeeres
Vögel (Feld und Wasser)

Geplant sind:
Vögel (Bergland)
Vögel (Alpen und Mittelmeer)
Giftpflanzen
Steine und Mineralien

Lars Jonsson

Vögel in Wald, Park und Garten

Aus dem Schwedischen
übersetzt und bearbeitet von
Dr. Helmut Demuth

Kosmos
Gesellschaft der Naturfreunde
Franckh'sche Verlagshandlung
Stuttgart

Umschlag von Edgar Dambacher unter Verwendung einer Aufnahme von H. Reinhard
Das Bild zeigt eine Blaumeise *(Parus caeruleus)*
Mit 273 farbigen Illustrationen und 104 farbigen Verbreitungskarten von Lars Jonsson
Aus dem Schwedischen übersetzt und bearbeitet von Dr. Helmut Demuth
Titel der Originalausgabe „Fåglar i naturen. Skog, park, trädgård“ erschienen bei Wahlström & Widstrand, Stockholm 1976, unter ISBN 91-46-12372-5

CIP-Kurztitelaufnahme der Deutschen Bibliothek

Jonsson, Lars
Vögel in Wald, Park und Garten / aus d. Schwed.
übers. u. bearb. von Helmut Demuth. – 1. Aufl.,
1. – 20. Tsd. – Stuttgart : Franckh, 1977.
(Kosmos-Feldführer)
Einheitssacht.: Fåglar i naturen ‹dt.›
ISBN 3-440-04447-5
NE: Demuth, Helmut [Bearb.]

Franckh'sche Verlagshandlung, W. Keller & Co., Stuttgart / 1977

Printed in Portugal / Imprimé au Portugal / LH 14 dö / ISBN 3-440-04447-5
Satz: Konrad Triltsch, Graphischer Betrieb, Würzburg
Druck und Buchbinder: Gris Impressores S.A.R.L., Lissabon, Portugal

Vögel in Wald, Park und Garten

In einer Reihe von 5 Bänden werden die in Europa vorkommenden Vogelarten behandelt. Dieser 1. Band umfaßt die Vögel, die in den Wäldern, Parks und Gärten südlich der nördlichen Nadelwaldzone und nördlich des Mittelmeergebietes und der Alpen vorkommen. Der Begriff „Wald“ umfaßt in diesem Fall ausgedehnte Laub-, Misch- und Nadelwälder ebenso wie Gehölze, Alleen und Gebüsche unserer Kulturlandschaft.

Teilen wir die Arten nach ihrem Lebensraum oder Biotop ein, stehen wir bald vor dem Problem, eine Reihe von Vögeln einordnen zu müssen, deren Vorkommen nicht auf einen Biotop beschränkt ist. Das gilt vor allem für den Wald im Gegensatz zur Kulturlandschaft, die erst allmählich durch Rodung und Urbarmachung des Waldes sowie durch Entwässerung der Sümpfe und Moore entstanden ist. Kein Wunder, daß sich die Vogelfaunen der Kulturlandschaft und des Waldes überschneiden.

Auch die Bindung der Vogelarten an jede Art von Wald oder Baum ist äußerst unterschiedlich (siehe Seite 7). Manche Arten sind das ganze Jahr über zur Nahrungssuche wie auch zum Brüten an den Wald gebunden, während andere dort nur brüten und ihre Nahrung auf der offenen Acker- und Wiesenflur finden. Gibt es für eine Art mehrere Möglichkeiten der Einordnung, so haben wir in erster Linie die praktische Feldbestimmung berücksichtigt. Wir haben daher Arten wie Baumfalk, Buschrohrsänger, Braun- und Schwarzkehlchen, Goldammer, Ortolan und Zaunammer, die zum Teil in lichten Wäldern, Gärten und Gebüschen vorkommen, nicht in diesen Band aufgenommen, ebensowenig solche wie Graureiher, Schwarzstorch, Fischadler, Waldwasserläufer und Flußschwirl, die zwar im Wald brüten, sonst aber an Gewässer verschiedener Art gebunden sind. Dasselbe gilt für Invasionsvögel aus dem Norden, auch wenn sie in manchen Jahren recht zahlreich außerhalb ihres eigentlichen Verbreitungsgebietes vorkommen sowie für Irrgäste aus Asien, Südeuropa oder Amerika.

Sie finden . . .

Der Vogel in seinem Lebensraum	7
Feldbestimmung und Gestalt der Vögel	12
Greifvögel (Falconiformes)	24
Hühnervögel (Galliformes)	36
Watvögel (Charadriiformes)	38
Tauben (Columbiformes)	40
Eulen (Strigiformes)	44
Kuckucke (Cuculiformes)	48
Ziegenmelker (Caprimulgiformes)	48
Rackenvögel (Coraciiformes)	50
Spechte (Piciformes)	52
Sperlingsvögel (Passeriformes)	60
Literaturhinweise	122
Register	124

Der Vogel in seinem Lebensraum

Sitzen wir Ende Mai frühmorgens an einem bewaldeten Hang, so fühlen wir uns im ersten Moment von einem planlosen, überquellenden Durcheinander von Leben in all seinen Formen umgeben. Alle Winkel des Waldes, von den Tannenwipfeln bis herab zum Gebüsch sind von Vögeln belebt und erfüllt von ihren Stimmen: Fitis, Zaunkönig, Buchfink, Rotkehlchen, Ringeltaube und viele andere. Doch nicht lange brauchen wir achtzugeben, bald schwindet der Eindruck der Planlosigkeit, und wir entdecken eine gewisse Regelmäßigkeit in den verschiedenen Verhaltensweisen der Vögel. Ein Fitis huscht schnell aus dem dünnen Gezweig einer Salweide und schnappt im Bereich der zarten Blattrosetten kaum sichtbare Insekten auf — der Waldlaubsänger von fast gleichem Aussehen scheint sich dagegen mehr im Wipfelbereich einiger hoher Zitterpappeln heimisch zu fühlen. Eine Kohlmeise, die von ihren bereits ausgeflogenen Jungen begleitet wird, untersucht Büsche und Sträucher und pickt Raupen von den Blättern, während eine Tannenmeise mehr die Zweige der Nadelbäume bevorzugt. Der Trauerschnäpper verjagt alle Artgenossen, die sich in die Nähe seines Nistbaumes wagen — vier Starenpaare hingegen können in gutem Einvernehmen miteinander in ein und demselben Baum brüten.

So finden wir alle Vogelarten mehr oder weniger spezialisiert auf eine bestimmte Nahrung in einem bestimmten Teil des Waldes oder Baumes. Wir beobachten weiter, daß sie in einem bestimmten Lebensraum oder Biotop in Baumhöhlen oder Astgabeln brüten; das heißt, sie stellen mehr oder weniger große Anforderungen an ihre Umwelt oder, besser gesagt, sie haben sich den verschiedenen Lebensräumen des Waldes angepaßt. Die einzelnen Teile des Waldes unterscheiden sich durch ihr Nahrungsangebot, ihre Brutgelegenheiten (Nisthöhlen und Astgabeln) durch Singwarten, Schutz vor Feinden usw. Im Laufe der Zeit haben sich die verschiedenen Vogelarten so auf einen bestimmten Lebensraum hin entwickelt, daß sie die Gegebenheiten innerhalb mehr oder weniger abgegrenzter Bereiche nutzen können. Ihr Körperbau macht die Sänger geeignet für das Fangen von kleinen Insekten im Gezweig, in Büschen und an Kräutern; so spüren die Spechte die im Innern der Baumstämme lebenden Insekten und ihre Larven auf; Schnabel und Füße der Greifvögel sind zum Erbeuten von anderen Vögeln oder kleineren Säugetieren eingerichtet.

Der Lebensraum eines Vogels, ob in der Baumkrone oder im Gebüsch oder in einer lichten Umgebung, hängt also davon ab, an welche Umweltbedingungen sich der Vogel angepaßt hat. Dabei treten große Unterschiede auf. Die Aaskrähe kommt als Allesfresser in vielen Landschaftstypen vor, während der Kreuzschnabel nicht über den Bereich des Nadelwaldes hinausgeht. Solange die Umwelt sich nicht grundlegend ändert, bestimmen ihre Bedin-

Waldlaubsänger

gungen die Zusammensetzung der Arten sowie die Anzahl der Individuen einer Art. Das heißt, die Vogelpopulation wird von verschiedenen Faktoren beeinflußt, so daß sich zwischen ihr und der Umwelt ein biologisches Gleichgewicht einzustellen vermag. Es handelt sich dabei um ein kompliziertes und empfindlich reagierendes System von Leben und Lebensbedingungen, in dem alle Faktoren aufeinander einwirken. Welche es im einzelnen sind und wie sie die Zusammensetzung der Arten und die Individuenzahl beeinflussen, ist vielfach noch nicht geklärt. Wir wissen nur, daß Nahrungsangebot, Nistgelegenheit und Feinde dabei ausschlaggebend sind.

Nahrung

Eine Änderung der Umweltbedingungen macht anpassungsfähigen Arten weniger aus als solchen, die zu spezialisiert sind und sich nicht anpassen können. Der Weißrückenspecht z. B. ernährt sich von Insekten in verrotteten und halbverrotteten Baumstämmen. Für ihn bedeutet es einen großen Nachteil, daß in der modernen Forstwirtschaft kranke und abgestorbene Bäume beseitigt werden. Der Buntspecht dagegen wird hiervon weniger hart getroffen, da er über ein breiteres Nahrungsspektrum verfügt: Es reicht von baumbewohnenden Insekten über Samen von Nadelhölzern, Früchten bis zu Vogeleiern und Jungvögeln.
Erhöht sich das Nahrungsangebot einer Vogelart unter sonst gleichbleibenden Bedingungen, so nimmt der Bestand zu. Ein augenfälliges Beispiel dafür ist die Vermehrung von Zeisigen und Kreuzschnäbeln in einem guten Zapfenjahr. Auch beim Rauhfußkauz, der auf Kleinnager angewiesen ist, richtet sich die Vermehrung nach dem Nahrungsangebot. In Jahren mit einem geringen Bestand an Nagetieren kann er ganz mit der Brut aussetzen, während er bis zu 10 Eier legen kann in einem Jahr mit reichlicher Vermehrung der Beutetiere. Im Normalfall legt er dagegen vier bis sechs Eier. Ganz unmittelbar wirkt sich Nahrungsmangel auf den Bestand einer Art aus, weil ein größerer Prozentsatz der Population verhungert.
Im Winter hängt der Nahrungsbedarf auch von der Temperatur ab. Die Vögel haben einen um so größeren Bedarf an Energie und damit an Nahrung, je kälter es ist. Meisen, die im Winter da bleiben, werden bei Kälte stark dezimiert. Das Nahrungsangebot ist dann so gering, daß die Vögel tagsüber keine ausreichende Energiereserve anlegen und die Körpertemperatur über Nacht nicht aufrechterhalten können.
Das Nahrungsangebot ist auch die Ursache dafür, daß sich die Vogelarten in einem Gebiet nur zu bestimmten Jahreszeiten aufhalten. So ziehen die Vögel, die sich ausschließlich von Insekten ernähren, im Winter nach Süden, während Körnerfresser im Winter eher Nahrung finden und als Standvögel da bleiben. Denn selbst im Winter gibt es Samen an Bäumen und Doldengewächsen, aber auch auf dem Boden. Doch der jahreszeitliche Wechsel verursacht auch lokale Schwankungen im Nahrungsangebot und beeinflußt dadurch die Anzahl der anzutreffenden Vögel. So können Häher und Kleiber im Spätsommer und Herbst auf der Suche nach Nüssen in eine Haselnuß-

hecke einfallen, während sie sonst dort nicht zu sehen sind. In einem Bucheckernjahr fallen Meisen und Finken oft scharenweise während des Herbstes und Winters in einen Wald ein, den sie sonst meiden. Die Blaumeise, die im Laub- und Mischwald brütet, zieht im Herbst und Winter oft ins Röhricht, wo sie im Schilf nach Larven und Puppen sucht. Die Kohlmeise dagegen ernährt sich im Winter fast ausschließlich pflanzlich und ist daher in stärkerem Maße Standvogel im Laub- und Mischwald als die Blaumeise.

Nistplätze

Jede Vogelart hat ihre besonderen Nistgewohnheiten. Geeignete Nistplätze, Singwarten, schützende Vegetation usw. bilden daher die Voraussetzung für die Entfaltung einer Population. Die Verbreitung von Höhlenbrütern wie Trauerschnäppern und Hohltauben hängt daher ganz und gar vom Vorhandensein geeigneter Höhlen ab. Einer der Gründe, warum so viele Arten sich den menschlichen Siedlungen anschließen, sind eben die zahlreichen Hohlräume und Schlupfwinkel, die es dort gibt.

Feinde

Die Feinde der Vögel verhindern eine Übervermehrung. Eier, Jungvögel und Altvögel dienen dem Greifvogel, der Krähe, dem Fuchs, dem Eichhörnchen, dem Dachs, dem Marder, dem Wiesel, der Ratte und der Schlange als Nahrung. Sie alle dezimieren eine Population und halten sie in Grenzen. Dies wechselt sehr nach Ort und Art. So ist es nicht ungewöhnlich, daß Ringeltaubeneier zu 60 – 70% den Räubern zum Opfer fallen, während zum Beispiel Sperbereier auf dieselbe Weise nur zu einem ganz geringen Prozentsatz vernichtet werden.

Die verschiedenen Lebensräume des Waldes

Die ständigen Veränderungen im Wald und in der sonstigen Natur, vor allem durch den Menschen, beeinflussen auch die Lebensbedingungen der Tier- und Pflanzenwelt. Rodungen im Laufe der Jahrhunderte und intensivere Forstwirtschaft in der Neuzeit, durch die wesentliche Teile des ursprünglichen europäischen Waldlandes vernichtet bzw. umgewandelt worden sind, haben auch die Zusammensetzung der Vogelfauna verändert. Der vom Menschen unbeeinflußte Urwald war im allgemeinen ein Mischwald aus Laub- und Nadelbäumen mit starkem Unterwuchs. Alte und kranke Bäume starben ab, fielen zu Boden und vermoderten. An ihrer Stelle samte sich Jungwuchs an, der zu neuen Bäumen heranwuchs. Dadurch bildeten sich in ein und demselben Wald verschiedene Lebensräume, die sich vertikal in einzelne Zonen einteilen lassen: nah am Boden die Moosschicht (Moose, Flechten, Pilze), dann die Krautschicht (Kräuter, Gräser, niedrige Büsche, Schößlinge), darüber die Strauchschicht (niedrige Holzgewächse, Büsche, junge Bäume) und schließlich die Baumschicht (Holzgewächse). Auf diese Weise wird das

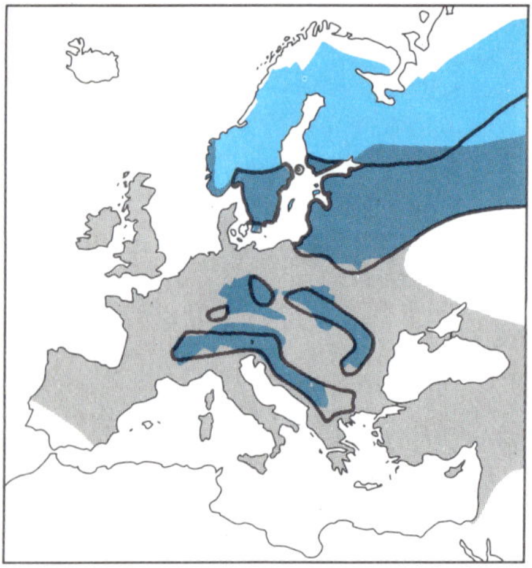

Verschiedene Voraussetzungen sind nötig, damit eine Art in einem Gebiet überleben und sich vermehren kann. Der Tannenhäher, der zum Brüten dichte Nadelwälder bevorzugt, kommt trotz der zahlreichen geschlossenen Fichtenbestände in Nordskandinavien nur bis zu einer bestimmten Nordgrenze in Europa vor, die er nicht überschreitet. Seine nördliche Verbreitung fällt dagegen mit der gewisser Laubbäume zusammen, vor allem der Hasel. Denn während einer bestimmten Jahreszeit ernährt er sich zum großen Teil von Haselnüssen und anderen Baumfrüchten.

Licht in einem Wald optimal genutzt. In unberührten Wäldern, in denen diese Schichten gut entwickelt sind, wachsen zahlreiche Pflanzenarten mit einem reichen Angebot an Samen und Insekten, dort gibt es auch Nisthöhlen in alten Astlöchern. Das alles schafft die Grundlage für ein vielfältiges Vogelleben. Monokulturen wie Tannen- oder Fichtenwälder, auch Buchenwälder, lassen im geschlossenen Bestand zu wenig Licht einfallen und haben daher verhältnismäßig artenarme Kraut- und Strauchschichten. Das wiederum hat zur Folge, daß hier die Vogelarten fehlen, die auf Gebüsche und niedrige Gewächse angewiesen sind.

Dennoch lassen auch heute noch die Schichtung und das recht beständige Klima (konstantere Temperatur-, Feuchtigkeits- und Windverhältnisse) im Wald ein reiches Tier- und Pflanzenleben sich entfalten. Die vielen Pflanzen liefern Nahrung in Form von Samen, Früchten, Blättern, Holz usw. und bilden damit die Grundlage für zahlreiche und komplizierte Nahrungsketten. Von den Pflanzen, den Erzeugern, leben die Erstverbraucher, das sind Insekten, samenfressende Vögel, Mäuse usw., von diesen Tieren ernähren sich die Zweitverbraucher in der Nahrungskette, die Raubinsekten, insekten- und mäusefressende Vögel. Die Kette kann sich dann weiter fortsetzen im dritten, vierten Glied usw.; das Endglied bilden Greifvögel und Raubtiere. Manche Tiere gehören als Verbraucher mehreren Gliedern der Nahrungskette an; der Eichelhäher zum Beispiel ist Erstverbraucher bei Haselnüssen, Zweitver-

Zersetzende Mikroorganismen

braucher bei pflanzenfressenden Insekten und Drittverbraucher bei Eiern und insektenfressenden Vögeln. Blätter, Nadeln, Zweige, tote Tiere usw. werden auf dem Boden durch Mikroorganismen zersetzt, die von organischen Stoffen toter Pflanzen und Tiere leben: Bakterien, Pilze und andere Organismen. Durch die Zersetzung bildet sich allmählich Humus, der neuen Pflanzen Lebensmöglichkeiten bietet. Damit bildet der Wald ein Ökosystem, in dem alle Organismen aufeinander angewiesen und voneinander abhängig sind.
Viele Arten können sich neuen Umweltbedingungen anpassen, wenn sie entsprechende Nahrung vorfinden. Beispiele für waldbewohnende Arten, die sich gewöhnt haben an die Lebensbedingungen im Umkreis von Städten und Dörfern, die heute einen wesentlichen Teil der westeuropäischen Landschaft ausmachen, sind: Sperber, Waldkauz, Ringeltaube, Dohle, Amsel, Singdrossel und Rotkehlchen. Die Fähigkeit, sich den neuen Verhältnissen anzupassen, wechselt sehr. Eine Vogelart, der es aber aus irgendeinem Grunde gelingt, den neuen Lebensraum zu nutzen, hat sich damit die Möglichkeit zur Ausbreitung geschaffen. So haben sich die Türkentaube und der Hausrotschwanz durch Anpassung an den Lebensraum Stadt über ihr ursprüngliches Verbreitungsgebiet in Asien bzw. im Mittelmeergebiet hinaus bis zu uns ausdehnen können.

Feldbestimmung und Gestalt der Vögel

Die Feldbestimmung der Vögel ist in den letzten Jahrzehnten stark fortgeschritten und entwickelt sich ständig weiter; gerade das sollten wir besonders hervorheben, denn die Entwicklung zwang immer wieder dazu, frühere Erkenntnisse zu überprüfen. So ist es durchaus möglich, daß gewisse „Fakten", die wir heute anerkennen, später einmal überholt sind und durch neue ersetzt werden, die dann die richtige Bestimmung einzelner Arten erleichtern. Auf manchen Spezialgebieten ist das letzte Wort noch nicht gesprochen.
Von den Eigenschaften, die für die Feldornithologen wichtig sind (Interesse, Geduld, Selbstkritik usw.), wollen wir eine besonders hervorheben: das Anschauenkönnen, das heißt, auch die einfachsten Vogelarten wirklich sehen und belauschen zu können. Über dem Interesse für die selteneren sollten wir die gewöhnlichen Vogelarten nicht vergessen. Oft hilft die Kenntnis, in welchen Grenzen Aussehen, Verhalten, Aufenthaltsort und Stimme, selbst von alltäglichen Arten, liegen, wenn es darum geht, eine seltenere Art zu bestimmen. In ihrem normalen Lebensraum und unter günstigen Umständen mag eine Art leicht zu erkennen sein, und wir begnügen uns vielleicht allein mit der Feststellung, daß es eine Singdrossel, eine Sumpfmeise oder ein Fitis ist. Doch lassen sich bei allen Vögeln auch eine Reihe Besonderheiten im Aussehen und Verhalten beobachten, die in einem kleineren Handbuch nicht berücksichtigt werden können. Sammeln wir daher unsere Erfahrungen mit einem Vogel, auch wenn er noch so bekannt sein mag (vor allem die normal

vorkommenden Abweichungen), so erhalten wir dadurch Vergleichsmaterial. Bei einem unbekannten Vogel, etwa einer außereuropäischen Drossel, stellen wir uns folgende Fragen in bezug auf die Singdrossel: Kann sie ungefleckte Flanken haben? Kann sie Andeutungen eines Augenrings aufweisen? Wie grob ist die Gesichtszeichnung? Wie verändert sich die Färbung der Oberseite bei starkem Sonnenlicht? Wie bewegt sie sich auf dem Boden? Wie fliegt sie? usw. Meistens benügt man sich doch nur mit der Tatsache, daß man eine „Singdrossel" festgestellt hat.
Beim „Vogelbeschauen" ist es wichtig, die beobachteten Merkmale sofort sorgfältig aufzuzeichnen, und zwar bei Vögeln, die wir kennen wie auch bei solchen, die wir nicht bestimmen können. Als Merkmale halten wir fest: Aufenthaltsort, Begleitvögel, Begleitumstände, Zeitpunkt und (bei selteneren Arten) etwaige Mitbeobachter. Auch eine Skizze des betreffenden Vogels ist vorteilhaft, denn erst beim Zeichnen sind wir gezwungen, ihn wirklich zu studieren.
Bei der Bestimmung eines Vogels in der Natur führen manchmal nur Einzelheiten oder eine Reihe von Merkmalen und Umständen zu einem Ergebnis. In der Hauptsache müssen wir auf folgendes achten: Aussehen, Verhalten, Stimme und Aufenthaltsort des Vogels; auch Zeitpunkt und Umstände der Beobachtung müssen wir festhalten.

Gefieder

Die Federn

Als Grundvoraussetzung für ein genaues Studium des Vogels brauchen wir eine gewisse Kenntnis seiner äußeren Beschaffenheit und der entsprechenden Bezeichnungen. Von anderen Tiergruppen unterscheiden sich die Vögel in erster Linie durch ihr Gefieder. Die Fähigkeit zu fliegen besitzen auch eine Reihe anderer Tiergruppen, doch ein Federkleid kommt allein den Vögeln zu.
Wir unterscheiden hauptsächlich zwei Typen von Federn: Dunen und Konturfedern, daneben noch eine Reihe von Zwischenformen. Die Konturfedern gliedern sich in Flugfedern (Schwung- und Steuerfedern) und Deckfedern. Letztere bilden eine schützende äußere Hülle, während die Dunen darunter eine mit Luft gefüllte und daher wärmeisolierende Schicht abgeben. Die Schwungfedern spielen gemeinsam mit den Steuerfedern (des Schwanzes) die wichtigste Rolle beim Fliegen. Sie gliedern sich in Hand- und Armschwingen, entsprechend ihrem Sitz an den „Händen" beziehungsweise „Armen". Die Zahl der Handschwingen beträgt bei den Sperlingsvögeln neun bis zehn, ebenso die der Armschwingen. Der Nebenflügel besteht aus drei Federn, die an dem Glied befestigt sind, das unserem Daumen entspricht. Seine Aufgabe ist es, bei einer bestimmten Flügelstellung dem Entstehen von ungünstigen aerodynamischen Verhältnissen auf der Oberseite des Flügels (dem sogenannten Überziehen) entgegenzuwirken. Die Steuerfedern — bei den Sperlingsvögeln meist 10 – 12 an der Zahl — spielen eine entscheidende Rolle für das Gleichgewicht und die Steuerung. Die Federn, in Fluren über

3. Handschwinge bei der Waldohreule

3. Handschwinge beim Mäusebussard

den Körper verteilt, bilden mehr oder weniger unterscheidbare Teile der äußeren Gestalt des Vogels. Sie dienen bei der Beschreibung des Federkleides als Ausgangspunkt; es ist daher wichtig, daß wir uns diese Federn merken. Sie sind auf der rechten Seite dargestellt, zusammen mit den Bezeichnungen für andere Teile oder typische Zeichnungen.
Die Federn sind bei den einzelnen Arten verschieden gestaltet, denn sie müssen den Anforderungen der verschiedenen Lebensräume und Lebensumstände standhalten. So sind beispielsweise die tief eingekerbten äußeren Handschwingen der Greifvögel eine Anpassung an den Segelflug, während bei den Eulen deren weiche Federn einen fast lautlosen Flug bewirken, so daß sie eine Maus überraschen können (siehe oben).

Die Mauser

Der Zustand des Gefieders ist für den Vogel lebenswichtig; es muß daher ständig in Ordnung gehalten werden. Zerschlissene oder beschädigte Federn beeinträchtigen die Flugfähigkeit — und damit die Möglichkeit, Nahrung zu suchen und etwaigen Feinden zu entkommen— aber auch die Widerstandskraft gegen Kälte. Da sich die Federn ständig abnützen und schadhaft werden, erneuert sie der Körper in regelmäßigen Abständen. Die Zeit, in der sich der Federersatz abspielt, bezeichnen wir als Mauser. Die einzelnen Federgruppen werden recht regelmäßig in bestimmter, oft komplizierter Reihenfolge erneuert. Der Ablauf dieses Vorgangs und seine Wiederholung innerhalb eines Jahres ist bei den einzelnen Gattungen und selbst bei den Arten ein und derselben Gattung verschieden. Schwung- und Steuerfedern werden mit wenigen Ausnahmen einmal im Jahr gewechselt. Bei den Sperlingsvögeln erneuert sich gleichzeitig auch das Körpergefieder. Eine solche Mauser bezeichnen wir als Vollmauser. Manche Arten erneuern ihr Körpergefieder zweimal im Jahr. (Bei gewissen Arten können nur Oberarmschwingen und bestimmte Steuerfedern zweimal im Jahr erneuert werden. Der Fitis ist einer der sehr wenigen Vögel, die alle Schwung- und Steuerfedern zweimal wechseln.)

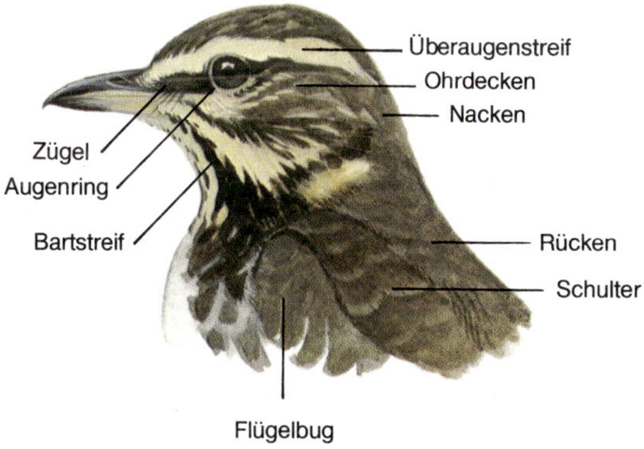

Beginn und zeitlicher Ablauf der Mauser wechseln von Art zu Art sehr. Viele Arten beginnen mit der Mauser nach Abschluß der Brutzeit. Der Federwechsel verbraucht viel Energie; daher muß dem Vogel vor und während der Mauser reichlich Nahrung zur Verfügung stehen. Arten, die eine lange Zugstrecke vor sich haben, brauchen für den Zug einen vollständigen Satz Federn; außerdem müssen sie alle Kräfte für den Flug selbst einsetzen. Viele insektenfressende Langstreckenzieher sind auf Nahrung angewiesen, die sich zum Spätsommer hin schnell verringert. Dies kann dazu führen, daß die Zeit

Mausernder Star. Das Jugendkleid wird durch ein Alters-(Winter-)kleid ersetzt

zwischen dem Ende der Brutzeit und dem Beginn des Zuges zu kurz ist für eine Mauser. Die Vögel verzögern dann die Mauser bis zur Ankunft im Überwinterungsgebiet, oder sie beginnen damit unterwegs bei einer Rast. Nicht alle Vögel brauchen einen vollständigen und leistungsfähigen Satz Federn: Enten zum Beispiel finden ihre Nahrung schwimmend oder tauchend, während Greifvögel zur Nahrungssuche auf ihr Flugvermögen angewiesen sind. Das Sperberweibchen kann mit der Mauser schon während der Brut beginnen, da es vom Männchen mit Nahrung versorgt wird, solange es auf dem Nest sitzt. Die Ursachen, die den Mauserzyklus auslösen, sind mannigfaltig und durchaus nicht alle bekannt. Sogar Zufälligkeiten können den Mauserverlauf eines Individuums beeinflussen, so daß er sich bei verschiedenen Exemplaren ein und derselben Art nicht gleichzeitig abspielt. So weisen geographisch getrennte Populationen und Rassen, die nicht unter gleichen klimatischen Bedingungen leben, in dieser Hinsicht Unterschiede auf. Grundsätzlich aber verläuft die Mauser so, daß sie den Vogel bei der Nahrungssuche, beim Fliegen usw. kaum beeinträchtigt.

Verschiedene Federkleider

Bei den Sperlingsvögeln unterscheiden wir in der Hauptsache zwei oder drei verschiedene Federkleider. Das erste richtige Federkleid heißt juveniles oder Jugendgefieder (ihm geht bei den frischgeschlüpften Jungen oft ein Dunenkleid voraus). Das darauf folgende Kleid wird durch Wechsel der Körperfedern oft schon im Spätsommer oder Herbst desselben Jahres angelegt (der Vogel gleicht jetzt weitgehend den erwachsenen [adulten] Vögeln), mitunter gibt es noch ein besonderes Winter- (oder Ruhe)kleid und ein Brut- (oder Pracht)kleid bei solchen Arten, die sich zweimal im Jahr mausern (zum Beispiel Trauerschnäpper). Bei den größeren Arten (selbst bei einigen Sperlingsvögeln) ist das Schema oft komplizierter, und manchmal wird das Alterskleid erst nach und nach im Verlauf mehrerer Jahre ausgebildet. Solche noch nicht ausgefärbten Übergangsformen zwischen juvenilem und adultem Gefieder bezeichnen wir als subadult. Bei vielen Greifvogelarten zeigt ein und derselbe Vogel mitunter mehr als zwei Federgenerationen gleichzeitig.

Die Sperlingsvögel, die durch die Mauser kein besonderes Sommer- oder Brutkleid bekommen, zeigen einen anderen Typus von Umfärbung. Gartenrotschwanz, Hänfling und Bergfink haben zum Beispiel ein unauffälligeres Winterkleid und ein leuchtenderes Sommerkleid, obwohl sie sich nur einmal mausern. Bei ihnen vollzieht sich die Mauser nach der Brutzeit; die neu gebildeten Federn haben einen helleren Saum. Diese pigmentärmere Zone ist weniger widerstandsfähig und nutzt sich ab, wodurch der farbige innere Teil der Federn freigelegt wird.

Bei vielen Arten, zum Beispiel Drosseln und Sängern, ändert sich das Federkleid der Altvögel durch die Mauser nicht mehr. Bei ihnen spielt der Verschleiß des Gefieders meist nur eine untergeordnete Rolle als farbverändernder Faktor (siehe Rotkehlchen).

Wollen wir die Färbung oder Zeichnung eines Vogels beurteilen, müssen wir beim einzelnen Tier Alter, Mauserzustand und Verschleiß berücksichtigen.

Gefiederwechsel beim Trauerschnäpper

Umfärbung beim Gartenrotschwanz

Außer diesen zeitlichen Unterschieden bei ein und demselben Individuum gibt es natürlich auch solche Abweichungen zwischen den verschiedenen Individuen innerhalb einer Art (außer dem Geschlechtsunterschied).
Diese individuellen Unterschiede sind zum Beispiel bei Greifvögeln bedeutend und recht auffällig, wogegen sie bei Sperlingsvögeln im allgemeinen kaum in Erscheinung treten. Trotzdem kann man auch bei recht einheitlichen Arten individuelle Unterschiede erkennen. Wer sich genügend Zeit nimmt, einen Flug Wacholderdrosseln oder Grünlinge besonders genau zu beobachten, kann das feststellen. So sehen auch alle Kohlmeisen auf den ersten Blick gleich aus, trotzdem kann der Farbunterschied zwischen mehreren

Kohlmeise

Exemplaren (vor allem zwischen Männchen und Weibchen) beträchtlich sein. Beim Birkenzeisig, den meisten Sängern, den Ammern der Gattung *Emberiza* und anderen kann die individuelle Abweichung so groß sein, daß sie für die Feldbestimmung ins Gewicht fällt. Die großen Unterschiede bei Birkenzeisigen und Fitissen sind oft geographisch bedingt; hier handelt es sich dann um mehr oder minder ausgeprägte Rassen.
Auch viele äußere Umstände können uns bei der Beurteilung von Färbung und Zeichnung eines Vogels beeinflussen. Die zahlreichen Faktoren, die dabei eine Rolle spielen, unterscheiden sich bei den einzelnen Beobachtern so sehr, daß wir darüber kaum etwas allgemeines aussagen können. Heller Sonnenschein, Kontraste, durchscheinendes Licht oder Gegenlicht beirren den Beobachter vor allem bei Gruppen, die wir aus größerer Entfernung bestimmen müssen, wie zum Beispiel Greifvögeln.

Gestalt und Größe

Bei der Feldbestimmung spielen Gestalt und Größe mancher Arten eine entscheidende Rolle. So unterscheiden wir zum Beispiel Kleinspecht und Weißrückenspecht vor allem durch die Größe; sie ist aber vielfach nur schwer zu beurteilen. Am besten vergleichen wir daher den Vogel mit einem uns bekannten Vogel, der sich gerade in der Nähe aufhält. Haltung und Gestalt können uns auch über die Größe eines Vogels täuschen. So wirkt ein Schreiadler zum Beispiel wesentlich größer und schwerer als ein Mäusebussard, obwohl der Größenunterschied nur ganz gering ist. Aus Erfahrung wissen wir, daß Gegenstände im Nebel größer erscheinen als sie in Wirklichkeit sind.
Außer den augenfälligen Unterschieden wie zum Beispiel Länge der Läufe, Schnabelform usw. gibt es eine Reihe unscheinbarer Unterschiede in Haltung und Gestalt (Nackenwinkel, Stirnwinkel, Gedrungenheit, Schwanzhaltung usw.), die bei der Bestimmung oft eine gute Hilfe sind. Wenn auch Gestalt und Haltung wechseln je nach der Tätigkeit, die der Vogel gerade ausübt, so sind doch oft die kleinen, aber charakteristischen Merkmale vorhanden, die dem Tier seine „Persönlichkeit" geben. So kann die Gestalt im Ruhezustand ein ganz anderes Bild geben als in der Bewegung. Ein aufgeplusterter Haussperling gleicht einem struppigen, grauen Wollknäuel, wirkt aber bedeutend schlanker, wenn er auf dem Boden umherhüpft. Ein normalerweise dicker und rundbäuchiger Vogel wie etwa das Rotkehlchen kann in abgezehrtem Zustand oder mit zerschlissenem Federkleid mitunter recht schmächtig aussehen (siehe Seite 20). Bei kühlem Wetter plustern sich die Vögel auf und wirken rundlicher. So erscheinen auch Jungvögel rundlicher (aufgeplustert) als ihre Eltern, und die Jungen von Raubvögeln sind oft breitflügeliger als die Alten.

Rotkehlchen

Lautäußerungen

Je mehr wir uns mit den Vögeln befassen, desto wichtiger wird für uns ihr Ruf bei der Bestimmung. Vor allem im Wald, wo die Sicht uns hindert, und im Zuggebiet sind die verschiedenen Rufe das beste Mittel, um die Vögel entdecken und identifizieren zu können. Eine Reihe von nahe verwandten Arten wie Fitis und Zilpzalp, Gelbspötter und Orpheusspötter, Wald- und Gartenbaumläufer lassen sich oft ohne ihre Stimme gar nicht unterscheiden. Die verschiedenen Lautäußerungen haben im Kontakt mit Artgenossen ihre besondere Funktion oder Bedeutung. Nach ihrer Funktion gliedern wir sie in Gruppen, die jedoch in vielen Fällen fließend ineinander übergehen; die folgende Aufzählung soll daher nur als Hilfe dienen: Gesang (eigentlicher Gesang und Herbstgesang), Lockruf, Kontakt- oder Stimmfühlungslaut, Warnlaut und übrige Lautäußerungen.
Der Gesang, häufig nur vom Männchen vorgetragen, verfolgt mehrere Zwekke. Bei den meisten Singvogelarten, die über eine ausgeprägt laute und reine Gesangsstrophe verfügen, zum Beispiel Trauerschnäpper und Buchfink, finden alle Brutaktivitäten innerhalb des Brutreviers statt. Innerhalb des Reviers teilt das Männchen durch seinen Gesang von hoher Warte aus mit, daß das Gebiet besetzt ist und, falls es noch kein Weibchen gefunden hat, daß es ein solches sucht. Der Gesang wird mit wechselnder Gefühlsstärke oder Intensität vorgetragen. Außerhalb der Brutzeit, vor allem aber unmittelbar vor ihrem Beginn, singt das Männchen (mitunter auch das Weibchen) manchmal ohne Begeisterung und zurückhaltend den sogenannten Herbstgesang. Manche revierbesitzenden Arten behaupten auch am Überwinterungsort und gelegentlich sogar auf dem Zuge ein Revier, und man hört dort dann häufig

den Herbstgesang. Jungvögel (zum Beispiel Zilpzalp und Fitis) lassen im Spätsommer und Herbst auch eine Art Herbstgesang hören.
Die Bedeutung der verschiedenen Lockrufe und Kontaktlaute ist vielfach unklar. Bei vielen Arten unterscheiden wir einen direkten Kontaktlaut, zum Beispiel das „tsi“ der Tannenmeise und den „scheltenden“ Flugruf des Zeisigs. Die Kontaktlaute ermöglichen den Zusammenhalt innerhalb des Schwarmes. Durch den lauteren und helleren Lockruf sucht der Vogel meist auf größere Entfernung Verbindung zu Artgenossen. Ein Birkenzeisig, der den Schwarm verloren hat, läßt unfehlbar seine lockenden „djüi“-Rufe hören. Bei manchen Arten verschmelzen Warn- und Lockruf miteinander oder werden der Stimmung entsprechend kombiniert, während sie bei anderen Arten von den übrigen Lauten völlig verschieden sind. Natürlich kann eine Art auch mehrere verschiedene Lock- und Kontaktrufe haben, ebenso wie einen kombinierten Lock- und Kontaktlaut. Bei den größeren Arten wie den Greifvögeln und Eulen gibt es außerdem noch eine Reihe anderer Laute bei der Paarung, Beuteübergabe usw. Alle Jungvögel, die von ihren Eltern gefüttert werden, haben außerdem einen Bettellaut, mit dem sie ihren Standort mitteilen.
Wie das Aussehen, so wechselt auch die Stimme bei den Vögeln. Rotdrossel, Fitis und Hänfling zum Beispiel unterscheiden sich oft individuell oder je nach geographischer Verbreitung beträchtlich im Gesang. Selbst den Vögeln zu lauschen, die wir bereits bestimmt haben, und ihre Stimmen aufzuzeichnen, ist ein wichtiger Schritt zur Erweiterung unserer Kenntnisse in der Feldornithologie. Noch mehr als beim Aussehen sind Beschreibung und schriftliche Fixierung der Laute sehr der persönlichen Wertung unterworfen. Es ist eine gute Gedächtnisstütze, die verschiedenen Laute und Lautkombinationen einer Vogelart mit Vergleichen, Eigenschaftswörtern usw. so zu beschreiben, wie wir sie selbst auffassen.

Verhalten, Vorkommen und Verbreitung

Zur Bestimmung der Familie oder Gattung eines Vogels geben oft sein Verhalten oder sein allgemeines Benehmen Fingerzeige. Denn viele ähnliche Arten unterscheiden sich durch ihr Verhalten. Wir müssen daher darauf achten, wie der Vogel fliegt, sein Futter sucht, ob er im Verband oder einzeln auftritt, ob er sich am Boden oder im Baum und wo im Baum aufhält. Gartengrasmücke und Nachtigall sehen recht ähnlich aus, sind aber dank ihres verschiedenen Verhaltens leicht zu unterscheiden. Auch Amsel und Star lassen sich leicht auseinanderhalten: Die Amsel hüpft auf dem Boden, der Star schreitet. Die Fortbewegungsweise des Vogels ist also ein wesentliches Merkmal seines Verhaltens. Die Silhouette eines fliegenden Vogels läßt sich oft nach Art und Geschwindigkeit seines Flügelschlags und der Form seiner Flugbahn bestimmen. Greifvögel sind oft an ihrer typischen Bewegungsweise zu erkennen.
Ein Vogel hält sich oft instinktiv innerhalb eines begrenzten Gebietes auf, und dieser Raum, die sogenannte Nische, ist für jede Art charakteristisch. Im westlichen Deutschland wird zum Beispiel eine graue Meise mit schwarzem

Scheitel im reinen Nadelwald mit großer Wahrscheinlichkeit eine Tannenmeise sein, im trockenen Laub- und Mischwald eine Sumpfmeise, im feuchten Laubwald eine Weidenmeise. Auch die geographische Verbreitung ist ein wichtiger Anhaltspunt für die Feldbestimmung, wenn auch kein Beweis. Jedoch kann das unterschiedliche Verbreitungsgebiet ein durchaus brauchbares Kriterium sein, wenn es etwa gilt, Sprosser und Nachtigall zu unterscheiden. Bei der Feldbestimmung müssen wir daher wissen, wie weit unsere Vermutung wahrscheinlich ist angesichts des normalen Verbreitungsgebiets der Art. Stärkere Beweise oder Belege und sorgfältige Selbstkritik brauchen wir, wenn wir einen Vogel außerhalb seines eigentlichen Verbreitungsgebietes bestimmen wollen. Außerdem müssen wir die Jahreszeit berücksichtigen, in der wir eine bestimmte Art beobachten.

Die Verbreitung der in diesem Buch behandelten Arten wird für jede Art gesondert auf einer Karte dargestellt. Die verschiedenen Farben und Zeichen sind unten erläutert. Die Populationsdichte variiert stark, und wir müssen beachten, daß gewisse Arten in großen Teilen ihres Verbreitungsgebietes sehr selten vorkommen oder ganz fehlen können. Im allgemeinen halten die Vögel an ihrem Brutgebiet stärker fest als am Überwinterungsgebiet, das oft von Jahr zu Jahr wechselt. Manche Arten wie Türkentauben, Karmingimpel und andere, breiten sich stark aus, während andere zurückgehen.

Blau: Brutvogel (nur Sommergast)

Blau und schraffiert: Brutvogel (überwintert)

Schraffiert: Wintergast

Gestrichelte Linie: gelegentlicher, unregelmäßiger Wintergast

Fichtenzapfen, bearbeitet von:

Eichhörnchen Buntspecht Kreuzschnabel

Steuerfedern ausgerissen von:

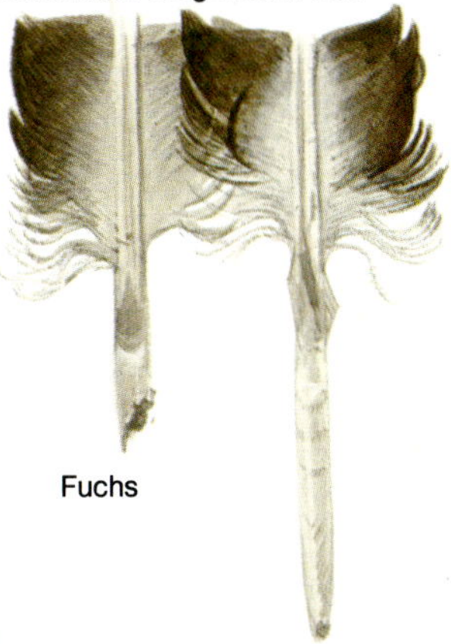

Fuchs

Greifvogel

Gewölle von:

Waldohreule

Sperber

Spuren

Vögel hinterlassen natürlich weniger Spuren als Säugetiere, trotzdem können manche davon aufschlußreich sein. So gibt die Losung etwa der Rauhfußhühner einen schlüssigen Beweis für das Vorkommen dieser Arten in einem bestimmten Gebiet. Von vielen Vögeln, vor allem Greifvögeln und Eulen, finden wir auf dem Boden die sogenannten Gewölle. Das sind unverdauliche Nahrungsbestandteile, die diese Vögel von Zeit zu Zeit wieder herauswürgen. Aber auch die von Kreuzschnäbeln und Buntspechten bearbeiteten Zapfen finden wir am Boden. Von Greifvögeln geschlagene Vögel erkennen wir daran, daß ihre Federn nicht abgebissen, sondern ausgerissen sind.

Losung von:

Haselhuhn

Birkhuhn

Grünspecht

uhn

(mit unverdauten Teilen von Ameisen)

Greifvögel Ordnung Falconiformes

Die Vögel dieser Gruppe ernähren sich von lebenden Tieren, Vögeln, Insekten und Aas. Durch ihr gutes Flugvermögen, ihren starken krummen Schnabel, ihre kräftigen Füße und Krallen sind sie an das Fangen und Verzehren lebender Beute angepaßt. Die meisten Arten sehen wir oft kreisen; sie nützen dabei aufsteigende Warmluft (Thermik) und Aufwinde an Berghängen und Waldrändern aus. Die Feldbestimmung von Greifvögeln ist oft kompliziert, da die Farb- und Größenunterschiede innerhalb einer Art beträchtlich sein können. Das Alterskleid wird oft schrittweise angelegt, was bei den größeren Arten drei bis vier Jahre dauern kann. Bei einem einsam sich gegen den Himmel abhebenden Vogel können wir Farbe und Größe oft nur schwer beurteilen; daher sind Silhouette, Flugweise und allgemeines Verhalten wichtige Bestimmungsmerkmale. Die in diesem Buch behandelten Arten brüten hauptsächlich im Wald. Viele kommen jedoch häufig auch in offener Landschaft vor, wo sie mit einer Reihe anderer Greifvogelarten zusammen auftreten können. Die Einordnung eines bestimmten Exemplares in eine Gruppe ist der erste Schritt zur sicheren Bestimmung. Die Greifvögel werden in zwei Familien eingeteilt, die Accipitridae, zu denen der Fischadler und die habichtartigen Greifvögel gehören, und die Falconidae, das sind die Falken. Die in diesem Band behandelten Habichtartigen werden in folgende Gattungen eingeteilt: Wespenbussarde, Milane, Schlangenadler, Weihen, Habichte, Bussarde und Adler.

Habichtartige
Familie Accipitridae

Schlangenadler

Schlangenadler *Circaëtus gallicus* 63 – 69 cm, Sp. ca. 190 cm
Ein großer Greifvogel, größer als z. B. der Schreiadler. Wirkt jedoch im Flug recht „leicht“ wegen seiner hellen Unterseite und des weichen, „elastischen“ Flügelschlages. Kann am ehesten mit dem etwas kleineren, vorwiegend an Süßwasser gebundenen Fischadler verwechselt werden; dieser hat jedoch einen dunklen Fleck am Flügelbug, meist unterseits dunklere Armschwingen, und, beim Kreisflug von unten gesehen, ein möwenähnlicheres Profil. Helle, in der Farbe ähnliche Mäusebussarde unterscheiden sich unter anderem durch ihre dunkle Zeichnung am Flügelbug. Die Färbung des Kopfes und der Grad der dunklen Fleckung schwanken; manche Vögel sind unterseits fast einfarbig hell. Rüttelt oft mit hängenden Beinen. Im nördlichen Teil seines Verbreitungsgebietes ist der Schlangenadler selten; er brütet dort in offenen Laubwäldern. Die Nahrung besteht hauptsächlich aus Reptilien; er zieht daher Wälder vor, die an offenes, sonniges Gelände (Heiden, Südhänge usw.) angrenzen. [Sp. = Spannweite (Abstand von einer Flügelspitze zur anderen)].

Amsel Sperber ♂

Sperber *Accipiter nisus* 28 – 38 cm, Sp. 60 – 75 cm

Die breiten, runden Flügel und der lange Schwanz unterscheiden den Sperber von allen anderen Greifvögeln außer vom Habicht. Zur Unterscheidung des Weibchens vom Habichtmännchen reicht die Größe allein meist nicht aus. Im Flug erkennt man es jedoch an dem schlankeren Profil, dem längeren Schwanz und den weniger auffallenden Unterschwanzdecken, im Sitzen an der graubraunen, nicht grauen Oberseite, den kürzeren Beinen und dem deutlich gerade abgeschnittenen Schwanz. Jungvögel haben auf der Oberseite rotbraune Federsäume, und die Bänderung der Unterseite ist breiter und spielt ins Rotbraune. Am Brutplatz hört man oft ein monotones, wiederholtes „kji-kji-kji . . .", und beim Paarungsflug auch einen seeschwalbenähnlichen klirrenden Ruf. Früher in den meisten Waldtypen, aber auch in der offenen Landschaft mit vereinzelten Gehölzen häufig, selbst in der Nähe menschlicher Behausungen, brütete sogar in Großstadtparks; seit einigen Jahren stark im Rückgang begriffen und aus vielen Gegenden völlig verschwunden. Kleine Singvögel bilden die Hauptnahrung, und häufig verraten warnende Kleinvögel den sonst sehr heimlichen Vogel.

Habicht *Accipiter gentilis* 48 – 61 cm, Sp. 98 – 117 cm

Das Männchen kann mit einem Sperberweibchen oder einem großen Falken verwechselt werden, hat aber einen kürzeren Schwanz als der Sperber und rundere Flügel als ein Falke. Der Streckenflug ist wie beim Sperber ein Wechsel zwischen Gleitflug mit halb eingezogenen Flügeln und einer Reihe von schnellen Flügelschlägen, die jedoch langsamer sind als bei jenem; er erinnert dabei fast an einen Gerfalken. Gelegentlich sieht man ihn kreisen, aber meist zeigt sich der Habicht als kräftiger, taubenähnlich gebauter Vogel, der blitzschnell durch die Bäume am Waldrand schießt. In offenem Gelände fliegt er dicht über dem Boden, wobei er die Bodengestalt geschickt als Deckung benutzt. Anders als der Sperber sitzt er manchmal auf einem Lugaus, einem Pfahl, einem herausragenden Ast und dergleichen. Ist an zusammenhängende Laub- oder Nadelwälder gebunden. Nährt sich von kleinen Säugetieren und Vögeln wie Tauben, Krähen, Häher usw.

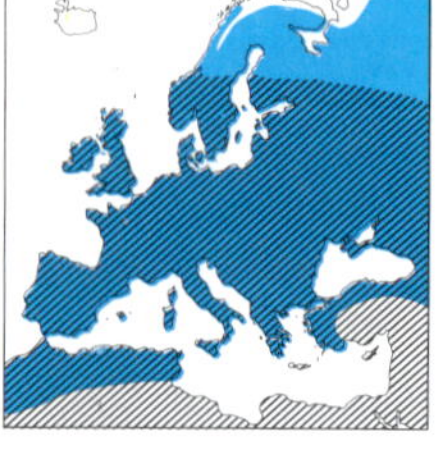

Sperber

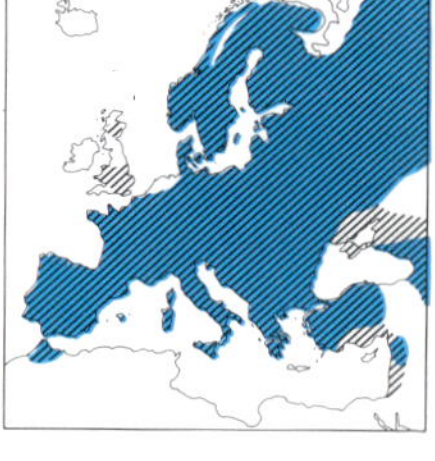

Habicht

♂
♀
Sperber
♂
juv.
Habicht
♂

Schwarzmilan *Milvus migrans* 56–62 cm, Sp. 120–145 cm

Der Schwarzmilan hat ein schönes, harmonisches Flugbild, gedrungener als der Rotmilan, aber schlanker als der Mäusebussard. Von letzterem unterscheidet er sich ferner durch den längeren und leicht gegabelten Schwanz, ein helles diagonales Band auf der Flügeloberseite sowie durch den leichteren, oft spielerisch wiegenden Flug. Er kreist mit flachen, nicht wie Rohrweihe und Mäusebussard mit V-förmig angestellten Flügeln (siehe auch Rotmilan). Die Jungvögel sind auf der Unterseite, am Hals und am Kopf kräftig hell gefleckt und unterseits an der Basis der Handschwingen heller. Die Lautäußerungen umfassen ein jungmöwenähnliches Geschrei, manchmal gefolgt von einem Geschnatter, sowie ein bussardähnliches Miauen. Der Schwarzmilan ist in verschiedenen Rassen fast über die ganze Alte Welt verbreitet und in vielen Gebieten die meistbeobachtete und auffälligste aller Greifvogelarten. In Europa außerhalb der Mittelmeerländer kommt er als Brutvogel in Waldgebieten in Gewässernähe vor. Er lebt von lebenden und toten Fischen, Beuteresten anderer Vögel, Kleintieren und, vor allem im Süden, von Abfällen in Dörfern und Städten.

Rotmilan *Milvus milvus* 61 cm, Sp. 142–153 cm

Kann als veredelte Ausgabe des Schwarzmilans bezeichnet werden. Der lange, tief gegabelte Schwanz, dessen Winkelstellung beliebig verändert werden kann, sowie der leichte Schlag der schlanken Flügel verleihen dem Rotmilan einen auffallend eleganten Flug. Kreist mit waagerecht gehaltenen oder schwach gewölbten Flügeln. Die rostrote Färbung und die tiefe Gabelung des Schwanzes unterscheiden ihn vom Schwarzmilan. Auch die im allgemeinen mehr rostrote Färbung und die abstechenden weißen Flecken auf der Unterseite der Flügel sind oft auffällige Merkmale. (Bei Jungvögeln ist die Gabelung des Schwanzes schwächer, und Unterseite und Schwanz sind mehr sandfarben.) Die durchscheinenden inneren Handschwingen lassen die Flügel oft stärker gewinkelt erscheinen als beim Schwarzmilan. Am Brutplatz läßt er ein variiertes schrilles, wieherndes „hiäh-hi-hi-hi-hi-hi-hiäh" hören. Hat auch einen weichen, miauenden Ruf, leiser und zarter als beim Mäusebussard. Wird in hügeliger, oft bergiger Landschaft angetroffen, wo alte Laubwälder mit offenen Feldern und Wiesen abwechseln. Im Winterhalbjahr versammelt sich oft eine größere Zahl in der Dämmerung, um gemeinsam in einem Wäldchen oder Waldstück zu übernachten. Jagt über offenem Gelände und ernährt sich von Kleinnagern, Kleinvögeln, Insekten und anderem, verzehrt aber, vor allem im Herbst und Winter, auch Aas und Abfälle; nimmt auch gelegentlich anderen Vögeln, z. B. Krähen, die Beute weg.

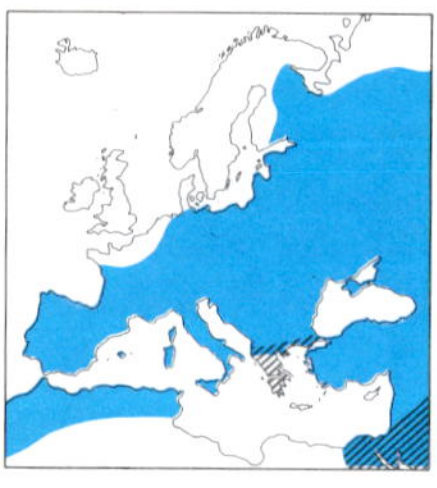

Schwarzmilan

Rotmilan

Schwarzmilan

Rotmilan

Wespenbussard *Pernis apivorus* 51 – 58 cm, Sp. 117 – 125 cm

Im Fluge ist der Wespenbussard oft schwer vom Mäusebussard zu unterscheiden. Eine Reihe kleinerer Unterschiede, die zusammen den Wespenbussard kennzeichnen und aus der Nähe fast unverwechselbar machen, verschwinden in verblüffender Weise bei größerer Entfernung. Färbung und Zeichnung variieren sehr. Wichtige Unterschiede in der Zeichnung gegenüber dem Mäusebussard sind die Bänderung des Schwanzes und die gröbere Fleckung der Flügelunterseite (nicht bei Jungvögeln). Das Flugbild des kreisenden Vogels ist durch den kleineren, mehr habichtähnlich vorgestreckten Kopf und den längeren und stärker gerundeten Schwanz gekennzeichnet. Beim Gleitflug bietet die geradere Hinterkante der weniger angezogenen Flügel eine weitere Bestimmungshilfe. Jungvögel sind mit Mäusebussarden noch leichter zu verwechseln, da sie im Herbst einen ähnlich kurzen (wenn auch abgerundeten) Schwanz haben. Die Zeichnung variiert ebenfalls sehr; häufig vorkommende Varianten sind unterseits abstechende dunkle Armschwingen sowie heller Kopf mit dunkler „Räubermaske". Der Wespenbussard führt ein heimliches Leben in Laub- und Mischwäldern; er sitzt niemals so frei wie der Mäusebussard. Ernährt sich vor allem von Larven und Puppen von Wespen, Hummeln usw., verzehrt aber auch andere Insekten und gelegentlich Beeren. Zieht im August/September ins tropische Afrika; Rückkehr im Mai.

Mäusebussard *Buteo buteo* 51 – 56 cm, Sp. 114 – 133 cm

Wird leicht mit dem Wespenbussard verwechselt, wirkt aber im allgemeinen schwerer, hat starrere Flügel und macht besonders beim Gleitflug einen gedrungeneren Eindruck. Die Färbung schwankt sehr, aber die Zeichnung stimmt nicht mit der des Wespenbussards überein; aus der Nähe ist dies das beste Merkmal. Der Mäusebussard kreist meist mit V-förmig gestellten, der Wespenbussard mit flachen oder schwach gewölbten Flügeln; der Kopfansatz ist kräftiger, der Schwanz kürzer und eckiger, der Flügelansatz meist breiter. Auf größere Entfernung können jedoch Mäusebussarde und manche jungen Wespenbussarde schwer zu unterscheiden sein (siehe oben Wespenbussard). Die hellsten Varianten, die unterseits fast weiß sind, können mit hellen Exemplaren des viel größeren Schlangenadlers verwechselt werden; im Unterschied zu diesen haben sie jedoch einen halbmondförmigen dunklen Fleck am Flügelbug. Der Rauhfußbussard, der im nördlichsten Skandinavien brütet, im Winter jedoch weiter südlich erscheint, hat einen weißen Schwanz mit einer breiten schwarzen Endbinde, ist gewöhnlich heller (mit dunkler Brust) und hat unterseits große, deutliche Bugflecken. Der Falkenbussard *(B. b. vulpinus)*, die in Nordostskandinavien und in Nordrußland brütende Rasse des Mäusebussards, ist etwas kleiner, hat einen helleren, ziegelroten Schwanz und unterseits meist deutlichere dunkle Bugflecken. Der gewöhnlichste Ruf des Mäusebussards ist ein miauender Pfiff „piää". Er brütet meist in Wäldern, die an ein für die Jagd geeignetes Acker- und Weideland oder an Heidegebiete angrenzen. Die Nahrung besteht aus allerlei am Boden lebenden Tieren, von Insekten und Würmern bis zu Jungvögeln und Reptilien, hauptsächlich aber aus Kleinnagern.

Wespenbussard

Mäusebussard

Wespenbussard
Mäusebussard
helle Phase

Schreiadler *Aquila pomarina* 54 – 70 cm, Sp. 134 – 160 cm

Ein kleiner, wohlproportionierter Adler mit langen, gleichmäßig breiten Flügeln. Beim Kreis- und beim Gleitflug werden die Flügel wie beim Schelladler nach unten gewinkelt oder von der Hand nach außen schwach gewölbt gehalten. (Der Wespenbussard kann mit ähnlich gehaltenen Flügeln in der Luft hängen.) Die hellen Flecken an der Wurzel der inneren Handschwingen und auf dem Bürzel und (bei älteren Vögeln) häufig auch die goldbraunen Decken der Flügeloberseite sind oft auffällig. In gewissen Fällen ist es sehr schwer, Schrei- und Schelladler voneinander zu unterscheiden, und bei manchen Exemplaren machen Variationen in Färbung, Zeichnung, Mauserzustand oder Unterschiede in den Beobachtungsverhältnissen die Artbestimmung geradezu unmöglich. Im allgemeinen kann der Schreiadler unten an den vergleichsweise helleren Flügeldecken bestimmt werden, die sich schwach von den eine Spur dunkleren Schwungfedern abheben, während es beim Schelladler umgekehrt ist. Der Schreiadler ist normalerweise kleiner, leichter und eine Spur schlanker, und die hellen Flecken auf der Oberseite der Flügel sind deutlicher und auf die inneren Handschwingen beschränkt. Er schaut oft wie ein Mäusebussard von einem Pfahl, häufig auch von einer kleinen Bodenerhebung nach Beute aus. Am Brutplatz verrät er sich durch gereihte, etwas piepsige, aber laute „küiik, küiik …"-Rufe. Beim Flugspiel steigt das Männchen schräg aufwärts, richtet sich auf und fällt im selben Augenblick mit zusammengelegten Flügeln in tiefem Bogen abwärts, um wieder zu einem neuen Spitzbogen emporzugleiten. Verhältnismäßig häufig in größeren Waldgebieten, die an offene Wiesen und Feuchtgebiete angrenzen. Lebt von Kleinsäugern, Fröschen und Insekten.

Schelladler *Aquila clanga* 62 – 74 cm, Sp. 158 – 182 cm

Manchmal sehr schwer vom Schreiadler zu unterscheiden. Beide Arten unterscheiden sich von anderen Greifvogelarten unter anderem durch die Flügelhaltung (hierzu und zur Bestimmung beider Arten siehe oben). Der Schelladler ist durchweg dunkler als der Schreiadler. Das helle Feld an der Wurzel der Handschwingen wird oben von hellen Federspulen gebildet und reicht bis zur Vorderkante des Flügels (vgl. Schreiadler). Unterseits sind die Flecken meist auffallender als beim Schreiadler. Jungvögel haben gewöhnlich oberseits mehr Reihen deutlicherer Tropfenflecken. Der Schelladler ist mehr Standvogel als der Schreiadler; die Vögel, die man im Winterhalbjahr in Skandinavien sieht, sind höchstwahrscheinlich Schelladler. Junge Seeadler sind größer, haben einen keilförmigeren Schwanz, einen längeren und schlankeren Hals, einen stärkeren Schnabel, halten die Flügel horizontal und haben immer helle Abzeichen an den Achseln. Die Stimme am Brutplatz gleicht der des Schreiadlers. Brütet in größeren Waldgebieten in der Nähe von Gewässern, ist aber bedeutend seltener als der Schreiadler. Ernährt sich von Kleinsäugern, Fröschen und Aas.

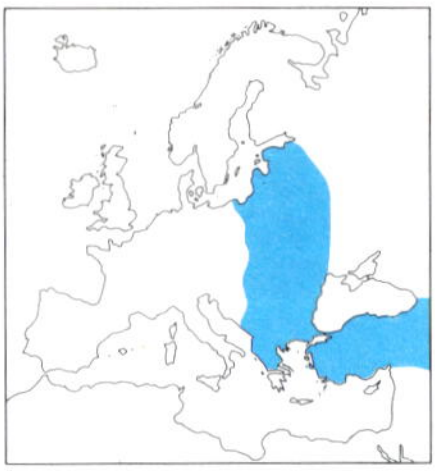

Schreiadler

Schelladler

Schreiadler juv.
Schreiadler
adult
juv.
adult
Schelladler
juv.

Schwarzmilan
Rotmilan
Schreiadler juv.
Schreiadler ad.
Schelladler ad.

Farbphasen
Mäusebussard
Farbphasen
Wespenbussard

Auerhahn

Birkhahn

Hühnervögel Ordnung Galliformes

Rauhfußhühner Familie Tetraonidae

Auerhuhn *Tetrao urogallus* ♂ 86 cm, ♀ 62 cm
Im Flug unterscheidet sich die Auerhenne von der Birkhenne durch die Größe sowie durch den runden und röteren Schwanz. Während der Balzzeit (ab Ende März) versammeln sich die Hähne bereits in der Abenddämmerung, um bei der ersten Morgendämmerung auf dem Ast, auf dem sie genächtigt haben, mit der Balz zu beginnen. Diese wird sodann auf dem Boden, manchmal auch wieder oben auf dem Baum fortgesetzt. Die Balzstrophe, die ungefähr 7 Sekunden dauert, besteht aus Schnabelknappen, gefolgt von einem Glucksen und zum Schluß einem wetzenden Laut (dem sog. „Schleifen"). Das Auerhuhn ist ein ausgeprägter Waldvogel, der älteren Nadelwald liebt, vor allem Kiefernwald mit eingestreuten Laubbäumen und kleineren beerenreichen Mooren. Lebt zum großen Teil von Kiefernnadeln, nimmt aber gern auch Espenlaub und im Herbst Beeren.

Birkhuhn *Lyrurus tetrix* ♂ 53 cm, ♀ 41 cm
Die Birkhenne unterscheidet sich von der Auerhenne vor allem durch die Größe und beim Auffliegen durch den matteren, weniger rötlich leuchtenden Schwanz. Die schwache Einkerbung des Schwanzes sowie die helle Flügelbinde sind beim raschen Hühnerflug oft schwer zu erkennen. Vor allem im Frühjahr, aber auch zu anderen Jahreszeiten, balzen die Hähne in der Morgendämmerung in größeren oder kleineren Gruppen auf Mooren, Feldern und eisbedeckten Seen, nach Sonnenaufgang auch in Baumwipfeln. Wenn der Morgen über dem Birkwildrevier graut, klingt die gurrende Stimme der Hähne wie eine entfernte, auf- und abschwellende Tonkulisse. Das Gurren mischt sich mit explosivem „tschu-üsch". Die Nahrung besteht aus Blättern und Knospen von Birken und anderen Baumarten sowie verschiedenen Beeren und Sprossen. Die Küken ernähren sich zum großen Teil auch von Insekten. Das Birkhuhn ist häufiger als das Auerhuhn und zieht offeneres Gelände, mit Waldstücken durchsetzte Felder und Wiesen, vor.

Auerhuhn

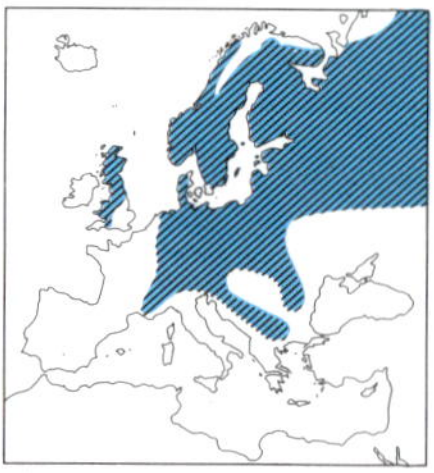

Birkhuhn

balzend
♀
♂
Auerhuhn
♀
♂
Birkhuhn

Waldschnepfe

Haselhuhn *Bonasa bonasia* 35 – 36 cm

Ein ausgeprägter Waldvogel, der das Jahr über in kleinen Gruppen in dunklen Waldungen lebt, sowohl in dichtem Tannenwald wie in reinem Laubwald, am häufigsten aber in üppigem Mischwald. Besonders beliebt sind feuchte Senken und Bachtäler mit Erlen, Birken und Beerensträuchern. Ein paar schnell im Tannendunkel verschwindende graue, schwarz und weiß gesäumte Schwänze, danach ein weiches, taktmäßig wiederholtes Flügelschwirren — das ist die häufigste Art der Begegnung mit einer Familie von Haselhühnern. Anders als Birk- und Haselhühner fliegen sie nicht eine längere Strecke fort, wenn sie hochgemacht werden, und man entdeckt sie oft bei wiederholter Annäherung aufgebäumt nahe am Stamm einer dichtverzweigten Tanne. Zuweilen sieht man auch ein Haselhuhn ganz offen in einem etwas höheren Baum in einer Waldlichtung sitzen. Das Haselhuhn verrät sich das ganze Jahr hindurch auch durch seine nadelspitzen Pfiffe, nicht unähnlich der Gesangsstrophe eines Wintergoldhähnchens oder eines Waldbaumläufers. Im Süden seines Verbreitungsgebietes ist das Haselhuhn mehr rotbraun gefärbt.

Watvögel Ordnung Charadriiformes

Schnepfen Familie Scolopacidae

Waldschnepfe *Scolopax rusticola* 34 cm

Die Waldschnepfe ist am bekanntesten durch den Schnepfenstrich, den man im Frühjahr oder, bei einer Zweitbrut, spät im Sommer beobachten kann. In der Abenddämmerung fliegt der „Hahn" in raschem Zickzackflug eine bestimmte Strecke ab und läßt eine Reihe knurrender „uorrt"-Rufe hören, gefolgt von einem hohen, explosiven Knirschen. Im Flug läßt er auch ein hastiges „äch-äch-äch" hören. Wenn man im Sommer an einem mit Gestrüpp umsäumten Moor zufällig auf eine Waldschnepfe stößt, folgen ihr oft zwei, drei andere. Das ist das Weibchen mit seinen Jungen, die schon im Alter von zehn Tagen kurze Strecken fliegen können. Hochgemacht, verschwindet die Waldschnepfe im Zickzackflug zwischen den Bäumen. Der Flügelschlag ist etwas ruckartig, und beim Auffliegen hört man ein klatschendes Geräusch. Die Waldschnepfe ist größer als die Bekassinen; sie hat einen langsameren Flügelschlag, und das Gefieder ist beträchtlich mehr rotbraun. Sie brütet im allgemeinen in Waldungen mit sumpfigen Stellen, z. B. an Waldteichen, morastigen Bächen und Seeufern. Sie lebt von Würmern und Insekten, die sie findet, indem sie mit dem Schnabel im Morast und Fallaub bohrt („wurmt").

Haselhuhn

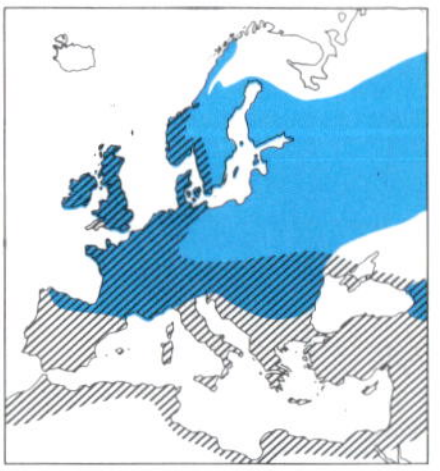

Waldschnepfe

Haselhuhn

Waldschnepfe

Tauben Ordnung Columbiformes

Tauben Familie Columbidae

Ringeltaube *Columba palumbus* 41 cm

Die Ringeltaube ist jederzeit leicht zu erkennen an den weithin leuchtenden weißen Abzeichen an Flügeln und Hals. Während des Fluges erscheint die Ringeltaube im Umriß dicker, hochbrüstiger und langschwänziger als die Hohltaube. Beim Abfliegen und beim Landen hört man lautes Flügelklatschen. Der Ruf ist ein dumpfes „du-duh-du-duduh", dessen Betonung wechselt; er klingt traurig und erinnert an den Ruf einer Eule. In Skandinavien ist die Ringeltaube meist scheu und heimlich und brütet vor allem in dichtem Nadelwald. In Westeuropa und Südskandinavien trifft man sie jedoch als ganz vertrauten Vogel in städtischen Parks. Sie lebt von verschiedenen Beeren, Blättern und Knospen. Morgens und abends verproviantiert sie sich regelmäßig auf Äckern und Feldern. Im September/Oktober sammeln sich Ringeltauben manchmal in riesigen Flügen.

Hohltaube *Columba oenas* 33 cm

Bedeutend kleiner als die Ringeltaube, Flug stetiger und schneller, sieht im Flug besser proportioniert und kurzschwänziger aus. Kann mit einer Haustaube verwechselt werden, hat aber keine deutlichen schwarzen Flügelbinden. Das Männchen läßt ein schnell wiederholtes, zweisilbiges, auf der ersten Silbe betontes „huuhu, huu-hu, huu-hu" hören. Am Brutplatz sieht man Balzflüge mit Flügeln in V-Stellung wie bei der Haustaube. Zum Brüten ist sie auf das Vorhandensein geeigneter Nisthöhlen wie Schwarzspechthöhlen, Nistkästen, Kaninchenbaue und ähnliches angewiesen; sie ist daher seltener als die Ringeltaube. Die Ernährung gleicht der der Ringeltaube, und beide Arten sieht man bei der Nahrungssuche oft zusammen.

Ringeltaube

Hohltaube

Ringeltaube

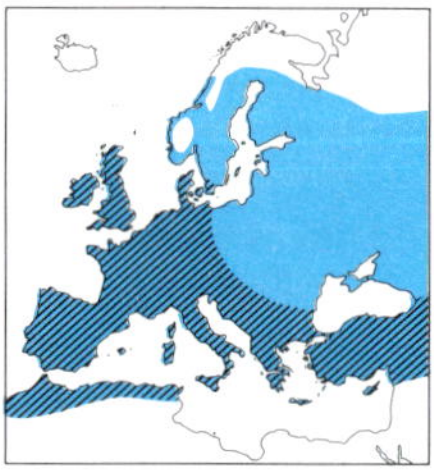

Hohltaube

juv.
Ringeltaube
Hohltaube

Turteltaube

Turteltaube *Streptopelia turtur* 27 cm
Wenn man eine Turteltaube auf kurze Entfernung hochgemacht hat, so prägt sich die Zeichnung des ausgebreiteten Schwanzes dem Auge ein. Beim Auffliegen wirft sie sich oft schmetterlingshaft mit leichtem, ruckartigem Flügelschlag hin und her. Beim Streckenflug sieht man die Schwanzzeichnung selten; dann unterscheiden sie die rotbaune Farbe der Oberseite und der kürzere Schwanz am besten von der Türkentaube. Jungvögel wirken insgesamt mehr graubraun; ihnen fehlt die Halsfleckung. Die Turteltaube ist ein gewöhnlicher, aber ziemlich heimlicher Brutvogel in lichten Laubwäldern, Feldgehölzen und Obstgärten unserer Kulturlandschaft. Man sieht sie oft paarweise oder in kleinen Gruppen auf Telefondrähten und draußen auf Feldern und Wiesen. Am häufigsten jedoch verrät sie sich durch ihre Stimme, ein leise schnurrendes „turr, turr . . .“ oder „türr . . .“, dem der Vogel seinen Namen verdankt. Lebt von Samen verschiedener Pflanzen und Gräser.

Türkentaube *Streptopelia decaocto* 31 cm
Unterscheidet sich von der Turteltaube durch die hell graubraune Färbung, die Form des Halsrings und, beim Auffliegen, durch die Schwanzzeichnung. Im Fluge sind der längere Schwanz, der hellere Gesamteindruck und die hellere (bei der Turteltaube dunklere) Unterseite der Flügel ausschlaggebend. Die Türkentaube ist langschwänziger sowie etwas stärker und hochbrüstiger. Beim Paarungsflug, der dem der Turteltaube gleicht, segelt sie mit leicht nach unten gebogenen Flügeln und ausgebreitetem Schwanz, wobei sie die Zeichnung der Schwanzunterseite zur Schau stellt. Jungvögel sind grauer und haben kein Halsband. Die Stimme ist ein dumpfes, auf der zweiten Silbe betontes „huhuh, hu“. Die Türkentaube stammt aus Asien und hat sich im 20. Jahrhundert sprunghaft nach Nordwesten ausgebreitet. In Europa ist sie an Siedlungen gebunden. Lagerhallen in Häfen, Silos und andere Lagerplätze, wo verschüttetes Korn leicht erreichbar ist, sind beliebte Örtlichkeiten, an denen sich im Winter Türkentauben oft in großen Flügen versammeln.

Turteltaube

Türkentaube

Turteltaube
Türkentaube

Eulen Ordnung Strigiformes

Eulen Familie Strigidae

Uhu *Bubo bubo* 61 – 71 cm

Der Uhu wirkt immer groß und überwältigend und kann kaum mit einer anderen Eulenart verwechselt werden; der im nördlichen und östlichen Skandinavien und weiter östlich vorkommende Bartkauz ist ganz grau und hat gelbe, nicht orangerote Augen; der in denselben Gebieten sowie in den Karpaten vorkommende Habichtskauz ist kleiner, hell ockerfarben und hat schwarze Augen. Im Flug fallen der kurze Schwanz, die breiten Flügel und der schwerfällige Flügelschlag auf. Der Revierruf des Männchens ist ein lautes „uhu" oder „huu-hu"; das Weibchen hat einen ähnlichen, aber etwa eine Oktave höheren Ruf. In der Nähe des Brutplatzes hört man auch eine Reihe anderer Laute bei der Paarung, Beuteübergabe usw. Der Uhu brütet in unberührten Wäldern, am liebsten in Felswänden, auch auf felsigen, waldbedeckten Schären. Er lebt von Kleinsäugern und mittelgroßen Vögeln, in den Schären zum großen Teil von Möwen und Enten. Der Uhu ist infolge von menschlichen Eingriffen und Umweltvergiftung in vielen Gegenden katastrophal zurückgegangen.

Waldohreule *Asio otus* 36 cm

Unterscheidet sich vom Waldkauz im Sitzen durch die orangeroten Augen und die langen Federohren. Beim Flug werden die Flügel gleichsam mechanisch ruckweise und schwerfällig bewegt, als ob sie geschient wären. Dann leicht mit der Sumpfohreule *(Asio flammeus)* zu verwechseln; diese Art, die in Mooren, Heiden, sumpfigen Uferwiesen usw. vorkommt, hat jedoch längere Flügel mit unterseits meist dunkleren Spitzen, kaum auffallende Federohren, deutliche schwarze Flecken um die Augen und, anders als die Waldohreule, die ausgeprägte Gewohnheit, auf dem Boden zu sitzen. Die Schleiereule *(Tyto alba)*, die in hohem Maße an Ackerland gebunden ist, ist unterseits nicht gestreift, und ihr fehlt die dunkle Zeichnung am Flügelbug. Die Waldohreule führt eine nächtliche Lebensweise, jagt aber auch in Abend- und Morgendämmerung, jedoch höchst selten mitten am Tage wie die Sumpfohreule. Der Revierruf des Männchens ist ein im Abstand von zwei bis drei Sekunden mechanisch wiederholtes „puh". Das Weibchen läßt ein helleres, gedehnteres „puüüü" hören. Wenn die Jungen ausgeflogen sind und in den Bäumen verteilt sitzen, teilen sie ihren Standort durch helle, bettelnde Pfiffe „piee" mit. Brütet in alten Krähen- oder Greifvogelnestern in lichten Wäldern und Gehölzen. Zum Jagen braucht sie offenes Wiesen-, Heide- oder Sumpfgelände und ist meist an abwechslungsreiche Kulturlandschaft gebunden. Die Nahrung besteht fast ausschließlich aus Kleinnagern.

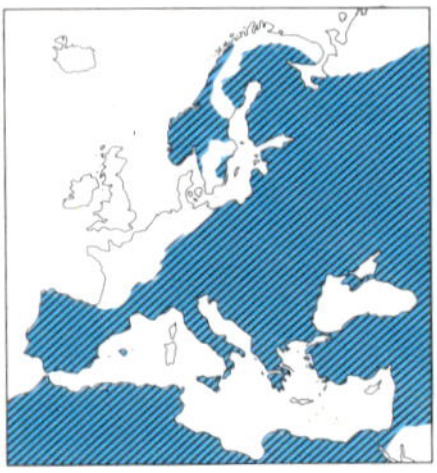

Uhu

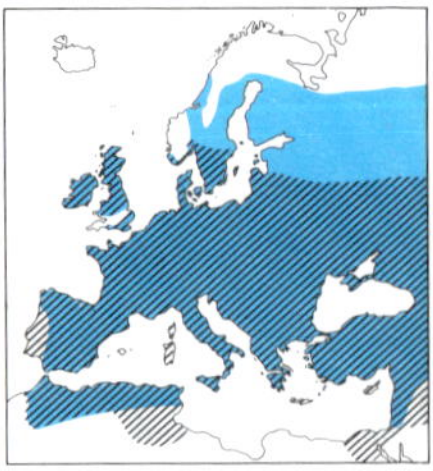

Waldohreule

Uhu
Waldohreule

Waldkauz *Strix aluco* 38 cm

Wegen seiner streng nächtlichen Lebensweise sieht man den Waldkauz am ehesten am Schlafplatz auf einem Ast, wo er, dicht an den Stamm gedrückt, schwer zu entdecken ist. Von der Waldohreule unterscheiden ihn die ganz schwarzen, bei Tage oft schläfrig blinzelnden Augen. Im Fluge wirken die Flügel verhältnismäßig kurz; im Gleitflug sind sie leicht nach unten gebogen. Die Färbung variiert, aber in Skandinavien sind richtig rotbraune Exemplare selten. Wird von Kleinvögeln verfolgt und heftig angegriffen. Der Revierruf des Männchens ist ein volltönendes „puuhuu", gefolgt von einem vibrierenden „puhu'u'u'u'u'u'u". Von beiden Geschlechtern hört man auch ein wimmerndes „klä-witt". Brütet in lichtem Misch- oder Laubwald, oft in der Nähe von menschlichen Siedlungen. Beliebt sind Eichenwäldchen, Parks, Alleen usw. wegen ihres oft reichlichen Angebots an Nisthöhlen. Ernährt sich vor allem von Kleinnagern, aber auch von Vögeln, Fröschen, Würmern usw.

Rauhfußkauz *Aegolius funereus* 26 cm

Kaum mit einer anderen normalerweise im Wald vorkommenden Eule zu verwechseln. Der etwas kleinere und braunere Steinkauz lebt im Gegensatz zum Rauhfußkauz in der offenen Kulturlandschaft mit Feldern, Äckern und Gärten. Jungvögel sind überwiegend schokoladenbraun. Von Januar bis April, manchmal auch zu anderen Zeiten, läßt das Männchen seinen Revierruf hören, eine unverkennbare Folge von drei bis sieben kläffenden Stoßtönen „pu-pu-pu-pu-pu". Ausgeprägt nachtaktiv und selten zu sehen, obwohl in gewissen Gegenden relativ häufig. Sein Vorkommen hängt vom örtlichen Angebot an Kleinnagern ab, die die Hauptnahrung bilden. Unternimmt in manchen Jahren invasionsartige Wanderungen und wird dann außerhalb des normalen Verbreitungsgebietes angetroffen. Verbringt den Tag in einem Baum oder Gebüsch und ist dabei sehr vertraut. Nistet in Schwarzspechthöhlen und dergleichen, meist in hohem Nadel- oder Mischwald.

Sperlingskauz *Glaucidium passerinum* 17 cm

Wegen seiner geringen Größe leicht zu bestimmen. Tagaktiv und vertraut; leicht anzulocken. Sitzt gern im Wipfel eines Nadelbaumes und wippt oft mit dem Schwanz. Der Revierruf ist ein taktmäßig wiederholter, etwas gimpelähnlicher Pfiff „piüh". Läßt auch, besonders in Herbst und Winter, ein gereihtes, oft ansteigendes Pfeifen „tjütt, tjütt, tjütt, tjitt, tjitt, tjitt" hören. Brütet in dichtem Nadel- oder Mischwald, erscheint im Winter aber auch in Laubwäldern, Obstgärten und an anderen kleinvogelreichen Orten. Lebt von Kleinvögeln und Kleinnagern.

Waldkauz

Rauhfußkauz

Sperlingskauz

graue Phase
rote Phase
Waldkauz
Rauhfußkauz
Sperlingskauz

Kuckucke Ordnung Cuculiformes

Kuckucke Familie Cuculidae

Kuckuck *Cuculus canorus* 34 cm

Meist im Fluge zu sehen; das Flugbild erinnert an einen Turmfalken. Über offenem Gelände ist der Flug schnell und gerade, aber der Flügelschlag etwas schlapp, die Flügel werden nicht über den Rumpf gehoben, und Form und Haltung des Kopfes lassen den Rücken etwas durchgebogen erscheinen. Vom Sperber leicht durch die spitzen, nicht runden Flügel zu unterscheiden. Das Weibchen gleicht dem Männchen, hat aber einen bräunlichen Anflug und ein Brustband. Jungvögel mit einem deutlichen weißen Nackenfleck und oberseits hellen Federsäumen; unterseits sind sie auch an Brust und Kehle quergestreift. Die Grundfärbung ist meist dunkler, mehr eisengrau, eine Phase mit rotbrauner Grundfärbung bei Jungvögeln und Weibchen jedoch nicht ungewöhnlich. Der charakteristische Kuckucksruf „kuk-kuh" kann in der Zahl der Silben variieren. Durch die Anwesenheit eines Rivalen erregt, läßt das Männchen ein glucksendes, heiseres „kuk-kuk-kuk-chä-chä-chä" hören. Das Weibchen verfügt über einen explosiv kichernden Triller. Der Kuckuck ist in offenem Hügelland mit Feldgehölzen und kleinen Laubwäldern, in offenem Waldland und in Parks häufig. Im Sommer führt er ein verstecktes Leben; am häufigsten sieht man ihn zur Zugzeit im April/Mai und August/September. Er ernährt sich von Insekten, vor allem von haarigen Raupen. Das Weibchen verteilt seine Eier einzeln auf die Nester anderer Vögel. Der junge Kuckuck wirft die anderen Eier oder Jungvögel aus dem Nest und wird dann von den Wirtseltern aufgezogen.

Ziegenmelker Ordnung Caprimulgiformes

Nachtschwalben Familie Caprimulgidae

Nachtschwalbe, Ziegenmelker *Caprimulgus europaeus* 27 cm

Die Flugsilhouette erinnert sehr an die des Kuckucks. Die Nachtschwalbe ist jedoch ein Nachtvogel; von ihrem Schlafplatz aufgescheucht, fliegt sie oft nur ein kurzes Stück, bevor sie sich wieder auf einem Ast niederläßt. Nur das Männchen hat weiße Abzeichen auf Flügeln und Schwanz. Am ehesten verrät es sich bei Nacht durch seinen schnurrenden Balzlaut, ein zwischen zwei Tönen wechselndes heuschreckenähnliches „rrrrrrrrr …", das mit kurzen Pausen stundenlang fortgesetzt werden kann. Der Flugruf ist ein nasales „krü-ek". Beim Balzflug in der Paarungszeit klatscht das Männchen mit den Flügeln und fliegt abwechselnd mit langsamem Flügelschlag und im Gleitflug mit erhobenen Schwingen, wobei es die weißen Flecken zeigt. Lebt von Insekten, die im Flug gefangen werden, wobei der extrem tiefe Schlund als Kescher benutzt wird. Liebt offenes Waldland, Kahlschläge und Heiden, vor allem trockenen, schütteren Kiefernwald.

Kuckuck

Nachtschwalbe

juv. rote Phase
Kuckuck
♂
♀
Nachtschwalbe
♂

Rackenvögel Ordnung Coraciiformes

Blauracken Familie Coraciidae

Blauracke *Coracias garrulus* 32 cm

Aus der Nähe unverwechselbar, kann aber auf größere Entfernung mit einer Taube oder einem Häher verwechselt werden. Gleicht im — geradlinigen — Flug am meisten einer Hohltaube, ist aber schlanker, hat größere, stärker abgerundete und etwas kiebitzähnliche Flügel sowie einen auffallend dünnen Schwanz. Sitzt gern auf einem erhöhten Platz auf der Lauer und stürzt sich wie ein Rotschwanz auf größere Insekten am Boden, gelegentlich auch in der Luft. Ist im allgemeinen recht lebhaft und fliegt emsig zwischen mehreren Sitzplätzen hin und her. Telefon- und Stromleitungen sind als Ansitz beliebt, und in manchen Ländern ist die Blauracke ein Charaktervogel des Straßenrandes. Am Brutplatz vollführt das Männchen einen Balzflug, dem sich das Weibchen gelegentlich anschließt. Es fliegt mit ruckartigem Flügelschlag in einer Spirale von einem Baum in die Höhe, überschlägt sich und stürzt sich wieder zu Boden, wobei es sich wie ein Akrobat hin- und herwirft und die ganze Zeit krächzende Rufe ausstößt. Bei anderen Gelegenheiten hört man oft ein hartes, lautes „rack" oder „rack-ack" (wie wenn man zwei trockene Walnüsse zwischen den Handflächen aneinanderreibt). Nistet in Baumhöhlen, verlangt aber freie, sonnige Flächen, wo sie jagen kann; ist daher in lichten Wäldern, in Parks und im Bereich von Feldgehölzen, vor allem in der Ebene, anzutreffen. Ernährt sich von Käfern, Heuschrecken und anderen Insekten, Raupen, kleinen Fröschen usw.

Hopfe Familie Upupidae

Wiedehopf *Upupa epops* 28 cm

Trotz seiner Kontrastfärbung am Boden schwer zu entdecken; im Flug dagegen ist seine Erscheinung ein Feuerwerk, das fast an einen Riesenschmetterling denken läßt. Es ist ein verblüffendes Erlebnis, einem Wiedehopf nachzuschauen, der in flatterndem, hüpfendem Flug auf runden Flügeln ein paar Äcker und Steinwälle überquert, um plötzlich zu Boden zu stürzen und wie mit einem Zauberschlag zu verschwinden. Bei Störungen drückt er sich und fliegt erst auf, wenn man fast auf ihn tritt. Gewöhnlich ist die Haube angelegt, und wenn der Vogel am Boden Nahrung sucht, sieht er klein und dünn aus. Sein Ruf ist ein lautes, hohles „pu-pu-pu", fast wie eine kurze Strophe des Rauhfußkauzes; ferner ein leises, heiser zischendes „ah-ah-ah-ah". Der Wiedehopf ist am häufigsten in der Kulturlandschaft, wo lichte Wälder, Parks und Gärten mit Äckern und Viehweiden abwechseln. Lebt von Insekten und Larven, die mit dem langen Schnabel aus ihren Verstecken im weichen Boden gezogen werden, unter anderem Käfer, die im Mist leben.

Blauracke

Wiedehopf

Blauracke
Wiedehopf

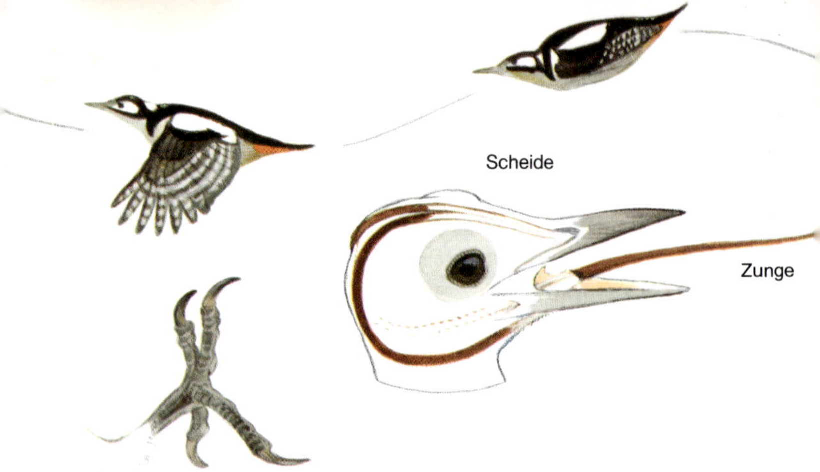

Spechte Ordnung Piciformes

Spechte Familie Picidae

Alle Spechte (der Wendehals in gewisser Hinsicht ausgenommen) sind extrem an senkrechtes Klettern und an das Aufmeißeln von Baumstämmen und Ästen angepaßt. Der Schnabel ist stark und spitz, der Fuß ein Kletterfuß, und die Schwanzfedern sind steif und spitz und können zum Abstützen gegen den Stamm dienen. Die lange Zunge hat kleine Widerhaken, und eine Absonderung aus besonderen Drüsen hält sie stets feucht und klebrig. So ist sie ein hervorragendes Werkzeug, um in die Gänge der Insekten einzudringen und diese zu fangen. Das Aussehen, die Stimme und die Gewohnheit der Männchen, im Frühjahr auf trockenen Baumstämmen, Ästen und dergleichen zu trommeln, ist eine gute Hilfe beim Entdecken und, in wechselndem Umfang, bei der Bestimmung der verschiedenen Arten. Ungefähre Dauer, Form und Stärke des Trommelwirbels werden bei jeder Art im Diagramm gezeigt. Die Unterschiede im Trommeln bei den verschiedenen Arten treten allerdings im Diagramm deutlicher hervor, als man sie draußen hört. Die Lautstärke ist natürlich von der Entfernung, der Unterlage beim Trommeln usw. abhängig und ist daher nur als ungefähre Angabe anzusehen. Beim Flug werden die Flügel jeweils zwischen zwei Reihen schneller Flügelschläge angelegt; dadurch erhält die Flugbahn eine Bogenform.

Schwarzspecht

Schwarzspecht

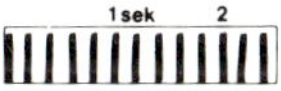

Schwarzspecht *Dryocopus martius* 46 cm

Gleicht keinem anderen Specht und kann höchstens im Flug bei flüchtiger Beobachtung mit einer Krähe verwechselt werden. Seine Erscheinung zu beschreiben, ist schwer und vielleicht unnötig; sie ist so typisch, daß ein fliegender Schwarzspecht mit Hilfe eines Feldstechers noch in einer Entfernung von einem Kilometer bestimmt werden kann. Der für die Spechte typische Bogenflug ist nur sekundenlang zu sehen, bevor der Schwarzspecht hinter einem Baumstamm in Deckung geht. Über längere Strecken ist der Flügelschlag flatternd und ungleichmäßig, als ob der Vogel Wasser träte und versuchte, sich an der Oberfläche zu halten, jedes Einsinken durch ein paar besonders kräftige Flügelschläge ausgleichend. Im Flug läßt er fast immer Reihen von durchdringenden, abgehackten Schreien „prrii, prrii, prrii, prrii, prrii“ oder ein etwas weicheres „krrück, krrück, krrück ...“, im Frühjahr auch ein grünspechtähnliches, aber metallischeres „klü, klü, klü, klü, klü“ hören. Im Sitzen bringt er auch einen langgezogenen metallischen Ruf „kliiie“. Als Unterlage beim Trommeln wählt der Schwarzspecht meist den höchsten trockenen Laub- oder Nadelbaum im Revier aus, und der Trommelwirbel ist von fast unglaublicher Stärke und sehr weittragend. Brütet in hochstämmigem Nadel- oder Mischwald. Lebt von verschiedenen baumbewohnenden Insekten, besonders Roßameisen.

Grauspecht *Picus canus* 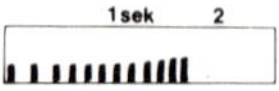

25 cm

Die von nahem weniger deutliche „Räubermaske“, das graue Auge, das weniger ausgedehnte bzw. fehlende Rot auf dem Scheitel und der grauere Gesamteindruck unterscheiden den Grauspecht am auffallendsten vom Grünspecht. Man sieht ihn meist im Flug; dann erkennt man ihn an dem kleineren Kopf und Schnabel, der schlankeren, zigarrenförmigen Gestalt und dem längeren Schwanz. Im Frühjahr ist er scheu und heimlich und verrät sich meist erst durch seinen Ruf, „pie, pie, pü, pü, pü, pü . . . pü . . . pü . . . pü“, der, verglichen mit dem des Grünspechts, geradezu ängstlich klingt; der Ton ist weich und klagend, und die Strophe „erstirbt“ zum Schluß, wie erschöpft (siehe unten Grünspecht). Wir können sie leicht nachpfeifen und den Grauspecht dadurch heranlocken. Der Flugruf, ein kurzes „kwick“, erinnert an den des Buntspechts. Trommelt öfter als der Grünspecht. Der Trommelwirbel klingt schwach und lahm, nimmt aber zum Ende hin an Stärke zu. Brütet in Ost- und Mitteleuropa in alten Laubwäldern, Parks und größeren Obstgärten; in Skandinavien trifft man ihn meist in dichtem Nadelwald mit eingestreuten älteren Espenständen. Im Winter sucht er im Unterschied zum Grünspecht manchmal Bauernhöfe und Futterstellen auf. Lebt von Insekten und ihren Larven, die er aus Laubbäumen verschiedener Art heraushackt.

Grünspecht *Picus viridis* 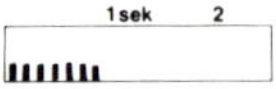

32 cm

Größer als Grauspecht, von nahem wegen der Gesichtszeichnung unverwechselbar. Besonders das Männchen hat einen leuchtend gelben Bürzel; dies ist das auffälligste Kennzeichen des fliegenden Vogels. Ruft im Fluge meist gellend „kü-kü-kück“. Der Frühlingsruf ist ein lautes, leicht abfallendes „klü-klü-klü-klü-klü-klü-klü“, runder und klangvoller als der des Grauspechts. Ruft gern bei Sonnenaufgang von der Spitze eines Baumes aus; dann verleihen die ersten Sonnenstrahlen der grünen Oberseite einen intensiven Glanz. Manchmal läßt der Grünspecht ein dünneres „pü-pü-pü-pü-pü-pü-pü“ hören, in der Form dem Ruf des Grauspechts sehr ähnlich, aber weniger pfeifend. Trommelt sehr selten und dann, wie der Grauspecht, schwach und zittrig, ohne Kraft und Schwung. Der Grünspecht kommt in hügeligem Laub- und Mischwald, in Alleen und an vereinzelten Baumgruppen in der Kulturlandschaft vor. Außer in Bäumen sucht er auch auf dem Boden Nahrung und ist Spezialist im Plündern von Ameisennestern, wobei er große Löcher in den Ameisenhaufen hinterläßt.

Grauspecht

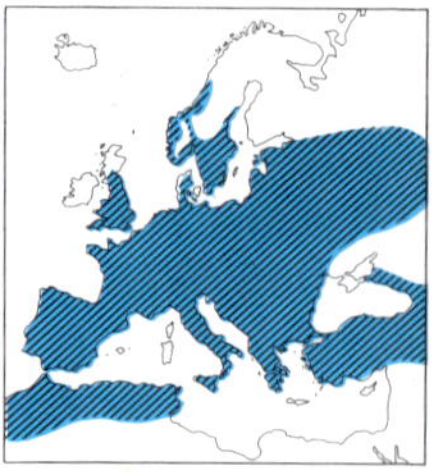
Grünspecht

♀
Grauspecht
♂
♀
juv. ♀
Grünspecht
♂

Buntspecht *Dendrocopos major* 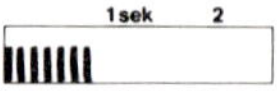

23 cm

Die gewöhnlichste Buntspechtart. Ähnelt sowohl dem Weißrücken- als auch dem Mittelspecht. Jungvögel haben einen roten Scheitel. Im Spätsommer, vor der Mauser, erscheint das Gefieder der Altvögel infolge der Verschmutzung der Nisthöhle oft graubraun und sehr dunkel. Der Blutspecht *(Dendrocopos syriacus)*, eine mehr südeuropäische Art, die sich in jüngster Zeit nach Norden bis Österreich ausgedehnt hat, gleicht dem Buntspecht bis auf die abweichende schwarze Kopfzeichnung vollständig. Der Buntspecht läßt meist ein metallisches „kück“ oder „kick“ hören, aber in der Erregung, z. B. infolge der Anwesenheit eines Artgenossen, wird dieses schnell wiederholt und zu einem Gezeter, das manchmal beschleunigt wird und in ein trockenes Klappern oder Schnärren übergeht. Sein Trommelwirbel ist unvergleichlich schneller als der anderer Spechte, besteht meist nur aus 6 – 7 Schlägen und dauert selten länger als eine Sekunde. Einzelne Exemplare lassen jedoch gelegentlich einen länger anhaltenden Wirbel hören. Trommelt nicht selten an Telefonmasten, Blechschornsteinen oder ähnlichen Stellen, die eine gute Resonanz geben. Kommt in verschiedenen Biotopen vor, scheint aber zum Brüten wenigstens einige Laubbäume zu verlangen. Die Jungen werden vor allem mit Insekten und ihren Larven gefüttert, im Herbst und Winter aber bilden Samen aus Zapfen einen großen Teil der Nahrung. Mangel an Fichten- und Kiefernzapfen kann in manchen Jahren dazu führen, daß er in großer Zahl aus dem Norden auswandert. Verzehrt ferner allerlei Samen und Früchte, Eier und Jungvögel; kommt auch an Futterstellen.

Weißrückenspecht *Dendrocopos leucotos* 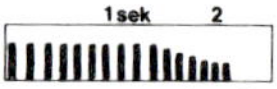

25 cm

Die größte Buntspechtart; wirkt schwerer und plumper als der Buntspecht. Die weiße Querbänderung des Rückens ist bei verschiedenen Exemplaren unterschiedlich ausgedehnt. Der Eindruck der Weißrückigkeit variiert ebenfalls, je nachdem wie stark die darunterliegenden weißen Rückenfedern aufgeplustert sind. Jungvögel haben ebenfalls einen roten Scheitel. Der häufigste Ruf „köck“ ist meist dunkler und weicher und tiefer im Ton als beim Buntspecht, wird manchmal wiederholt und klingt dann zeternd. Bei Störungen läßt der Weißrückenspecht ein rollendes und schnarrendes „prrrrrrrrrr“ hören. Der Unterschied der Trommelwirbel der beiden Arten ist eine sehr wirksame Hilfe, wenn es gilt, Weißrückenspechte inmitten trommelnder Buntspechte zu lokalisieren. Der Wirbel ist entschieden länger (meist ca. 2 Sekunden), anfangs etwas schleppend, aber zum Ende hin beschleunigt. (Der Trommelwirbel des Dreizehenspechts, der in den Nadelwäldern Nordskandinaviens und der mitteleuropäischen Gebirge brütet, dauert auch oft über eine Sekunde, gleicht aber in der Form mehr dem des Schwarzspechts.) Der Weißrückenspecht ist an ältere Wälder mit morschen und umgestürzten Laubbäumen gebunden. Sitzt, anders als der Buntspecht, oft dicht über dem Boden auf abgebrochenen Stämmen oder Baumstümpfen, wo er nach Art des Schwarzspechts Insektenlarven herausmeißelt.

Buntspecht

Weißrückenspecht

Blutspecht ♂

♀
♂
Buntspecht
juv.
Buntspecht
♂
♀
Weißrückenspecht

Mittelspecht *Dendrocopos medius* 22 cm

Wird am ehesten mit dem Buntspecht verwechselt, von dem er sich aber durch die geringere Größe, die ganz rote Kopfplatte, den unterbrochenen Wangenstreif und die Strichelung unterseits unterscheidet. Man berücksichtige jedoch, daß der junge Buntspecht auch einen roten Scheitel hat! Der Mittelspecht ist unruhiger als sein größerer Vetter. Anders als dieser pickt er oft Raupen von den Zweigen und sitzt nicht selten quer auf diesen wie ein Sperlingsvogel. Der Ruf klingt ganz wie der des Buntspechts, wird aber regelmäßiger gereiht „kück-kück-kück-kück". Im Frühjahr trommelt der Mittelspecht äußerst selten. Statt dessen bringt er einen klagenden Ruf, der mehr an den Frühlingsruf von Grün- und Grauspecht erinnert, ein etwas unregelmäßiges, mit deutlichen Pausen wiederholtes „kwää, kwää, kwää, kwää ... kwää, kwää ... kwää". Der Mittelspecht ist an reichlich mit Eichen durchsetzten Laubwald gebunden. Lebt von verschiedenen Insekten, die, wie der kleinere Schnabel es andeutet, in geringerem Umfang aus den Bäumen herausgehackt werden.

Kleinspecht *Dendrocopos minor* 14,5 cm

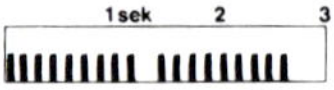

Die geringe Größe unterscheidet ihn sofort von allen anderen Spechten. Das Fehlen von roten Unterschwanzdecken verleiht ihm ein auffallend schwarzweißes Aussehen. Hüpft oft weit außen auf den dünnen Zweigen, bewahrt dabei aber meist die für Spechte typische Längsrichtung. Verrät sich durch ein buntspechtähnliches, aber schwächeres „kick" und ein etwas wendehalsähnliches „ki-ki-ki-ki-ki-ki-ki". Trommelt im Frühjahr oft wie der Buntspecht an Telefonmasten und dergleichen. Der Trommelwirbel ist im Vergleich zum Buntspecht anhaltender und leiser; er dauert meist eine gute Sekunde und wird oft mit einer kurzen Unterbrechung zweimal schnell hintereinander gebracht. Brütet in Laub- oder Mischwald, oft in Erlenbeständen an See- oder Flußufern sowie in Parks und Obstgärten. Sucht seine Nahrung im Laub und Gezweig der Bäume, im Winter auch im Röhricht.

Wendehals *Jynx torquilla* 16,5 cm

Der Wendehals ist einzigartig und sieht kaum wie ein Specht aus. Tatsächlich gleicht er mit seiner reptilartig gestreckten Gestalt, seinen etwas trägen Bewegungen und seinem heimlichen Wesen keinem anderen Vogel. In flachem Bogenflug gleitet er weite Strecken mit angelegten Flügeln. Im Mai, nach der Ankunft am Brutplatz, verrät er sich am ehesten durch seinen Ruf, ein einförmig klagendes oder pfeifendes „tüü-tüü-tüü ...", das mit dem des Kleinspechts verwechselt werden kann. Brütet in dichtem, abwechslungsreichem Laub- oder Mischwald, in Parks und Gärten, sowohl in Naturhöhlen als auch in Nistkästen. Lebt hauptsächlich von Ameisen in verschiedenen Entwicklungsstadien, die vom Boden wie von Bäumen aufgenommen werden.

Mittelspecht

Kleinspecht

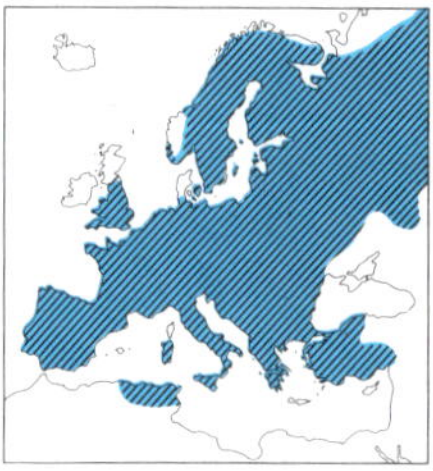

Wendehals

♂
Mittelspecht
♀
♂
Kleinspecht
Wendehals

Sperlingsvögel Ordnung Passeriformes

Eine sehr umfangreiche und nach Art und Anzahl der Individuen die größte Ordnung. Größe und Lebensweise variieren sehr. Alle haben drei nach vorn und eine nach hinten gerichtete Zehe. Viele sind Waldbewohner. Eine große Hilfe bei der Bestimmung ist die Einteilung in Familien:

Lerchen (Alaudidae): Überwiegend braungesprenkelte, an das Leben auf dem Boden angepaßte Vögel mit langer, meist gerader Hinterkralle. Ernähren sich hauptsächlich von Samen, frischen Grassprossen und in wechselndem Umfang von Insekten. Bei der Heidelerche, der einzigen regelmäßig im Wald vorkommenden Art, bilden Insekten im Unterschied zu den übrigen Lerchen die Hauptnahrung.

Schwalben (Hirundinidae). — **Stelzen** und **Pieper** (Motacillidae): Kleinere langbeinige Vögel mit eleganter Haltung und verhältnismäßig langem Schwanz, die vorwiegend auf dem Boden leben. Die Nahrung besteht fast ausschließlich aus Insekten. Die einzige im Wald brütende Art ist der Baumpieper.

Würger (Laniidae): Kontrastreich gezeichnete Vögel, die an offene und halboffene Landschaft gebunden sind. Die Nahrung besteht aus Insekten, Kleinnagern und kleineren Vögeln, wie der greifvogelähnliche Schnabel andeutet. Haben die ausgesprochene Gewohnheit, von einer strategischen Warte aus nach Beute auszuspähen.

Pirole (Oriolidae): Der einzige europäische Vertreter lebt von Insekten, Früchten und Beeren.

Stare (Sturnidae): Kurzschwänzige, sehr gesellige Vögel. Leben von Insekten, Schnecken, Würmern, Beeren und Obst; suchen ihre Nahrung meist am Boden, indem sie den langen Schnabel in die lockere Erde stechen.

Krähenvögel (Corvidae): Die größten Sperlingsvögel, vorwiegend schwarz, grau und weiß. Finden sich in den meisten Biotopen. Größtenteils Allesfresser. Können mit dem kräftigen Schnabel Eier aufhacken, Jungvögel ergreifen, Kleintiere töten, tote Tiere zerstückeln, Muscheln herausziehen usw.

Wasseramseln (Cinclidae)

Zaunkönige (Troglodytidae): Unser Zaunkönig ist der einzige europäische Vertreter einer in Amerika sehr verbreiteten Familie; ernährt sich von Insekten und anderem kleinen Getier.

Braunellen (Prunellidae): Eine kleine Familie sowohl ammern- wie sängerähnlicher Vögel, die sich hauptsächlich vegetarisch ernähren.

Die Familie der **Sänger** (Muscicapi-

Würger

Star

Krähe

dae) (siehe Seite 74 ff.) wird in folgende Unterfamilien eingeteilt: **Grasmükken** (Sylviinae), **Fliegenschnäpper** (Muscicapinae), **Drosseln** (Turdinae), wozu Drosseln, Rotschwänze, Rotkehlchen und Nachtigallen gehören, **Bartmeisen** (Timaliinae).
Beutelmeisen (Remizidae), **Schwanzmeisen** (Aegithalidae), **Meisen** (Paridae) siehe Seite 96 ff. **Spechtmeisen** (Sittidae): Sind auch an das Klettern angepaßt, stützen sich aber nicht mit dem Schwanz ab. Der Kleiber kann mit seinem kräftigen Schnabel Haselnüsse aufmeißeln, aber seine Hauptnahrung bilden Insekten und Spinnen.
Baumläufer (Certhidae): Kleine, auf das Klettern an Bäumen spezialisierte Vögel. Mit dem langen Schnabel ziehen sie Insekten und Larven aus Rindenspalten und Verstecken. Die langen Krallen dienen als Kletterhaken, die steifen Schwanzfedern zum Abstützen gegen den Stamm.
Webervögel (Ploceidae), **Finken** und **Ammern** (Fringillidae) siehe Seite 104.

Zaunkönig

Fliegenschnäpper

Drossel

Sänger

Meise

Baumläufer

Fink

Lerchen Familie Alaudidae

Heidelerche *Lullula arborea* 15 cm

Gleicht am meisten der Feldlerche, von der sie sich vor allem durch den merklich kürzeren Schwanz sowie durch das schwarzweiße Abzeichen am Flügelbug unterscheidet. Die breiten Flügel, der kurze Schwanz und der weiche Bogenflug lassen die Heidelerche in der Luft fledermausähnlich erscheinen. Jungvögel sehen mit ihren hellgesäumten Federn oberseits schuppig aus. Der Lockruf „düdloi“ oder „tüdli-oit“ ist unverwechselbar, gemütvoll weich und flötend, völlig verschieden von dem der Feldlerche. Der weiche, wehmütig klingende Gesang besteht aus Reihen von wiederholten Jodlern, die bald beschleunigt werden, bald an Tonhöhe verlieren oder plötzlich abbrechen. Kommt auf Lichtungen, kahlen Hängen mit vereinzelten Bäumen und in jungen Schonungen vor. Lebt vorwiegend von Insekten und Samen.

Pieper Familie Motacillidae

Baumpieper *Anthus trivialis* 15 cm

Der einzige europäische Pieper, der regelmäßig im Wald vorkommt. Rastet auf dem Zug oft zusammen mit anderen Piepern im offenen Gelände. Dann erkennt man ihn am besten an seinem rauhen und etwas surrenden Lockruf „dsüs“, der sich von den spitzeren Lockrufen der anderen Pieper unterscheidet. Läßt aber auch ein feineres „siet“ hören. Der Gesang wird während eines Singfluges vorgetragen, der von einem Baumwipfel aus erst in die Höhe und dann wieder nach unten führt. Er besteht aus Trillern, die erst schneller und dann, wenn der Vogel sinkt, langsamer werden. Der Abschluß besteht meist aus einigen zum Ende hin immer ausgedehnteren Pfiffen „sie, sie, siie, sihi, sihii“. Der Warnruf ist ein taktmäßig wiederholtes „tsütt“. Brütet in Laub- und Mischwald. Die Nahrung besteht hauptsächlich aus Insekten.

Würger Familie Laniidae

Rotrückenwürger, Neuntöter *Lanius collurio* 17 cm

Alle Würger spähen von einer Warte nach Beute aus. Die Weibchen variieren stark in der Färbung und können, ebenso wie die Jungvögel, mit jungen Rotkopfwürgern (Seite 64) verwechselt werden. Der Gesang ist abwechslungsvoll und reich an Nachahmungen, zuweilen flötend, fast wie beim Sumpfrohrsänger, aber ebenso oft ein verhaltenes Geplauder. Der Lockruf ist ein etwas explosives und gepreßtes Zischen „wäw“. Bei Beunruhigungen am Nest läßt er ein härteres, steinschmätzerähnliches „schack, schack, schack“ hören. Brütet in offenem Gelände mit Gestrüpp und Gebüsch. Ernährt sich vor allem von größeren Insekten, wie Libellen, Käfern, Hummeln usw. Spießt bei reichlichem Nahrungsangebot den Überfluß auf Dornen oder spitze Zweige und legt so eine Reserve für Schlechtwettertage mit geringerem Angebot von sonnenaktiven Insekten an.

Heidelerche

Baumpieper

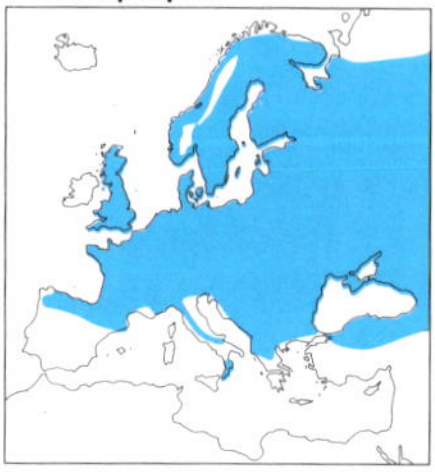

Neuntöter

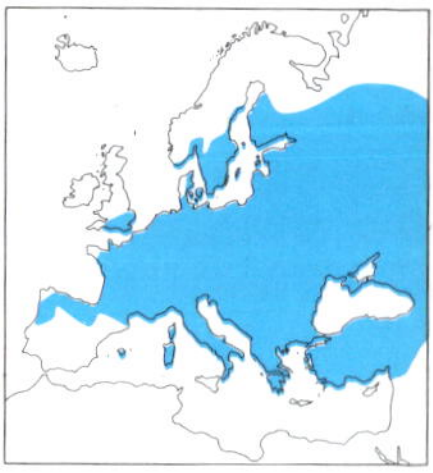

Heidelerche
Baumpieper
♀
♂
juv.
Neuntöter

Rotkopfwürger *Lanius senator* 17 cm

So groß wie ein Neuntöter, aber durch roten Scheitel und Nacken leicht von ihm und den anderen Würgern zu unterscheiden. Der Kontrast zwischen den schwarzen und weißen Gefiederteilen läßt ihn, nicht zuletzt im Fluge, recht bunt aussehen. Jungvögel unterscheiden sich von Weibchen und Jungen des Neuntöters durch ihr blasseres Gefieder mit helleren Abzeichen auf Schultern, Flügeln und Bürzel. Das Weibchen ist etwas matter gefärbt als das Männchen und an der Schnabelwurzel weiß gezeichnet. Der Gesang ist melodischer und abwechslungsreicher als der des Neuntöters. Verfügt auch über ein sperlingsähnliches Schwätzen und ein kurzes, kratzendes „schreü". Kommt im gleichen Biotop vor wie der Neuntöter, aber häufiger in Gelände, auf dem mehr Bäume wachsen.

Schwarzstirnwürger *Lanius minor* 20 cm

Wie eine kleinere Ausgabe des Grauwürgers mit verhältnismäßig längeren Flügeln und kürzerem Schwanz. Unterscheidende Merkmale sind außer der schwarzen Stirn die aufrechte Haltung, der Gegensatz zwischen dem weißen Kinn und der rosigen Brust, das Fehlen des weißen Überaugenstreifs und die geringere Ausdehnung der weißen Abzeichen an der Schulter. Jungvögel sind unterseits kaum oder gar nicht gezeichnet, was sie von denen des Rotkopfwürgers und des Neuntöters unterscheidet. Der Gesang ist voller und abwechslungsreicher als der des Grauwürgers. Bewohnt offene Landschaft mit einzelnen Bäumen und Büschen, nicht selten Seite an Seite mit dem Grauwürger. Sitzt oft auf Leitungsdrähten. Die Nahrung besteht aus Insekten und Kleinnagern.

Grauwürger *Lanius excubitor* 24 cm

Ein auffälliger Vogel, der immer frei oben auf einem Busch oder Baum oder auf einem Telefondraht sitzt. Kann mit dem Schwarzstirnwürger verwechselt werden, aber schon von weitem kennzeichnen ihn der längere Schwanz und die waagerechte Haltung. Aus der Nähe unterscheiden ihn das Fehlen der schwarzen Stirn, die weißen Abzeichen an der Schulter und Stirn und die auffallend kurzen Handschwingen. Die weiße Flügelbinde variiert bei den verschiedenen Rassen von einem kleinen Fleck an der Wurzel der Handschwingen bis zu einem breiten Band über den ganzen Flügel. Beim wippenden Bogenflug wechseln Reihen von schnellen Flügelschlägen mit Gleitflügen bei vollständig angelegten Flügeln. Dabei leuchten die weißen Flügelbinden und die weiße Schwanzzeichnung weithin. Als Sänger ist der Grauwürger der schüchternste unter den Würgern; der Gesang ist meist ein Geschwätz, in dem sich mäuseähnlich schrille vibrierende Triller mit Knirschen und rauhen „wäck"-Rufen mischen. Ferner hört man ein helles, klingendes „schrriä", ein gedehntes nasales „äääh" und andere Laute. Der Grauwürger ernährt sich von Insekten und Kleinvögeln; auf Zweigen aufgespießte Goldhähnchen, Meisen und Zeisige zeugen vom Raubzug des Grauwürgers. Brütet in verschiedenen Typen halboffenen Geländes, oft am Rande von Kahlschlägen, Mooren oder Viehweiden.

Rotkopfwürger

Schwarzstirnwürger

Grauwürger

Rotkopfwürger
juv.
♂
juv.
♂
Schwarzstirnwürger
Grauwürger

Pirole Familie Oriolidae

Pirol *Oriolus oriolus* 24 cm

Trotz seines bunten Gefieders lenkt der Pirol vor allem durch seine Stimme die Aufmerksamkeit auf sich. Das Männchen hat einen unverwechselbaren, wehmütigen, aber schnellen, hell tönenden Pfiff „tjoü-kli-kloi". Beide Geschlechter verfügen außerdem über einen rauhen, an den des Eichelhähers erinnernden Ruf. Hält sich am liebsten hoch oben in den Baumkronen auf, wo das gelbe Gefieder des Männchens mit den Sonnenflecken im Laub verschmilzt. Einjährige Männchen gleichen den Weibchen und erhalten ihr gelb und schwarzes Kleid erst mit etwa 15 Monaten. Ernährt sich von verschiedenen Insekten, Larven, Käfern usw., die mitunter nach Fliegenschnäpperart in der Luft gefangen werden, sowie von weichen Früchten und Beeren. Brütet in älterem Laubwald, größeren Parks und Feldgehölzen.

Stare Familie Sturnidae

Star *Sturnus vulgaris* 21 – 25 cm

Kaum mit irgendeinem anderen Vogel im Gebiet zu verwechseln. Die langschwänzige Amsel hüpft auf dem Boden, während der Star schreitet. Der plumpe, gedrungene Körper und der Wechsel zwischen schnellen Flügelschlägen und Gleitflug auf starren dreieckigen Schwingen geben dem Star ein unverwechselbares Flugbild. Jungvögel unterscheiden sich von anderen graubraunen Vögeln durch den kurzen Schwanz und den aufgerichteten, watschelnden komischen Gang. Der Star ist sehr gesellig und sammelt sich vom Mittsommer ab zu großen Flügen. Sein Gesang ist ein Gemisch von knarrenden, zwitschernden und knackenden Lauten und langgezogenen hellen Pfiffen, häufig mit Nachahmungen durchsetzt; beim Vortrag schlägt er gern mit den Flügeln. Während der Brutzeit ernährt er sich vorwiegend von Insekten; zu anderen Jahreszeiten bilden auch Beeren, Obst und Samen einen wichtigen Bestandteil der Nahrung, und Starenschwärme suchen oft Obstgärten und dergleichen heim. Gewöhnlicher Brutvogel in Baumhöhlen, an Waldrändern, in Feldgehölzen oder in einzelnen Bäumen in offenem Akker- und Wiesengelände; oft in Nistkästen, unter Dachpfannen und an anderen, vom Menschen geschaffenen Nistplätzen.

Pirol

Star

ad. Frühjahr

♀
♂
Pirol
adult Frühjahr
ad.
Herbst
Star
juv.
mausernd
juv.

Rabenvögel Familie Corvidae

Eichelhäher *Garrulus glandarius* 34 cm

Ein recht heimlicher Waldvogel. Am häufigsten sieht man ihn im Herbst, wenn er „pendelnd“ zwischen seinem „heimatlichen“ Wald und den Eichenbeständen der Gegend hin- und herfliegt, um sich mit Eicheln für den Winter zu versorgen. Der Streckenflug ist langsam, die runden Flügel schlagen flatterig, und die Flugbahn ist unstet. Im Wald gibt der Vogel eine bessere Figur ab, wenn er in weichem Flug mit tiefen Bögen an einem Waldrand oder Waldweg entlanggleitet. Dann fällt er durch seine Buntheit auf; die hellblauen Flügelflecken und der weiße Bürzel sind besonders charakteristisch. Seine Stimme ist laut und schreiend „kräh“, ferner ein „piää“, das mit dem des Mäusebussards identisch ist. Brütet in Wäldern aller Art. Verzehrt außer Insekten und Baumfrüchten auch Eier und Junge anderer Sperlingsvögel. Besucht Futterstellen, ist aber im Gegensatz zu anderen Rabenvögeln selten weit vom Wald entfernt zu sehen. In manchen Jahren invasionsartige Einflüge in Westeuropa.

Tannenhäher *Nucifraga caryocatactes* 32 cm

Lebt sehr verborgen; am ehesten im Herbst zu sehen. Das Flugbild gleicht dem des Eichelhähers. Der Vogel wirkt aber wegen seines kräftigen Schnabels vorn schwerer; außerdem hat der Tannenhäher einen kürzeren Schwanz, und die Flugbahn ist etwas stetiger. Die gewöhnlichste Lautäußerung ist ein wiederholtes Krächzen, heller und lauter als das der Aaskrähe; bringt ferner einen harten, schnarrenden Warnruf „arrrrr“ und verschiedene andere rauhe und krächzende Laute. Ein Vogel des Nadelwaldes, besonders des dichten Fichtenwaldes mit eingesprengten Haselnußbeständen. Sitzt gern auf den Spitzen der Tannen. Ernährt sich von Koniferensamen, Nüssen, Beeren, Insekten, Würmern und den Eiern und Jungen anderer Vögel. Die dünnschnäblige sibirische Rasse *(macrorhynchos)* lebt vor allem von den Nüssen der Zirbelkiefer; in Mangeljahren kann es zu invasionsartigen Wanderungen weit nach Westen kommen.

Elster *Pica pica* 46 cm

Allgemein bekannt dank ihrer auffälligen Erscheinung und ihres häufigen Vorkommens in der Nähe von Siedlungen, wohin sie vor allem der menschliche Abfall lockt. Im direkten Kontakt mit Menschen sehr vorsichtig. Warnt auch häufig vor Greifvögeln, Katzen und anderen Feinden. Läßt außer einem heiseren Krächzen mitunter einen leisen, schwätzenden Gesang hören, der aus zarten wimmernden und zwitschernden Lauten besteht. Die Paare halten lebenslang zusammen. Allesfresser, raubt Eier und Junge aus den Nestern anderer Vögel. Baut große, weithin sichtbare, überdachte Reisignester.

Eichelhäher

Tannenhäher

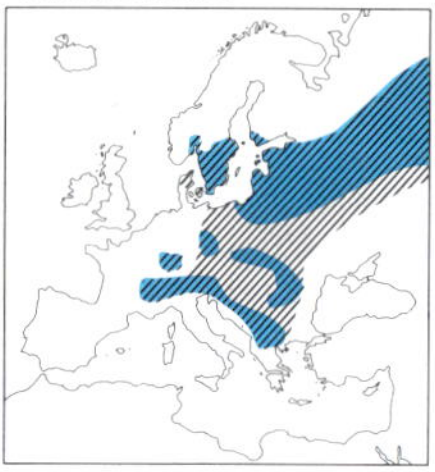

Elster

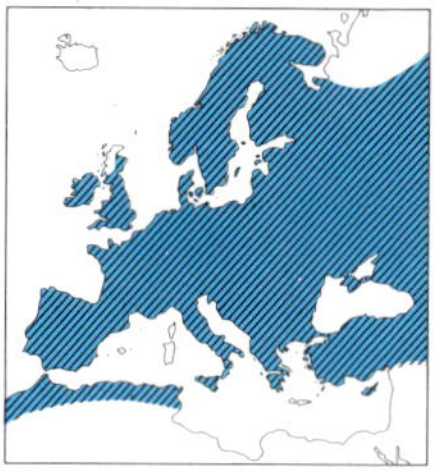

Eichelhäher
Tannenhäher
Elster

Kolkrabe Rabenkrähe Saatkrähe Dohle

Aaskrähe *Corvus corone* 47 cm

Raben- und Nebelkrähe sind Rassen derselben Art, die dort, wo ihre Verbreitungsgebiete aneinanderstoßen, Bastarde bilden. Kommt in den meisten Landschaftstypen vor; gemein im Umkreis von Städten und Dörfern. Tritt oft in Schwärmen auf, ist aber kein so ausgeprägter Schwarmvogel wie Saatkrähe und Dohle. Die Stimme ist ein leicht zu erkennendes, aber schwer zu beschreibendes Krächzen. Die Aaskrähe ist ein Allesfresser, der oft Müllabladeplätze und dergleichen aufsucht, und Nesträuber.

Die Rabenkrähe *(Corvus corone corone)* kann mit zwei anderen einfarbig schwarzen Rabenvögeln verwechselt werden, dem Kolkraben und der Saatkrähe. Diese an Ackerland gebundene Art ist eine Spur schlanker und hat — jedoch nicht als Jungvogel — eine helle, ungefiederte Schnabelwurzel. Der Kolkrabe ist viel größer (65 cm), hat einen stärkeren Schnabel und einen keilförmigen Schwanz.

Die Nebelkrähe *(Corvus corone cornix)* ist durch ihren grauen Rücken und Bauch leicht von allen anderen Rabenvögeln zu unterscheiden.

Dohle *Corvus monedula* 33 cm

Unterscheidet sich von der Raben- und der Saatkrähe durch geringere Größe, flinkere Bewegungen, grauen Nacken und helle Augen. Ein geschickter Flieger; segelt gern. Vollführt im Schwarm unter geschickter Ausnutzung von Aufwinden und Luftströmungen akrobatische Flugspiele, besonders gegen Abend, wenn sich die Dohlenschwärme sammeln, um zum gemeinsamen Schlafplatz zu fliegen. Die Stimme ist melodischer als die der Krähen, klangvoll und abwechslungsreich; meist jedoch hört man ein peitschenartiges, metallisches „kja“ oder „tjack“. Dohlen führen eine lebenslängliche Ehe, und die Paare halten auch bei der Nahrungssuche oft zusammen. Brütet kolonienweise in natürlichen Höhlen, in Wäldern, Alleen und Parks sowie in Felsen und alten Steinbrüchen, in Städten und Dörfern an Kirchtürmen und anderen hohen Gebäuden, selbst in Schornsteinen. Weniger Nesträuber als andere Rabenvögel; sucht oft auf Äckern und Viehweiden nach Nahrung.

Nebelkrähe

Rabenkrähe

Dohle

Rabenkrähe
Nebelkrähe
Dohle

Zaunkönige Familie Troglodytidae

Zaunkönig *Troglodytes troglodytes* 9,5 cm
Die geringe Größe, der fast ständig aufgerichtete Schwanz und der laute Gesang ist allen Zaunkönigen gemeinsam, aber es gibt große Unterschiede im Verhalten, in der Biotopwahl und in gewissem Maße auch in der Färbung. In Skandinavien ist der Zaunkönig ein heimlicher Waldvogel, der dichten Wald mit viel Unterholz verlangt, in Westeuropa ebenso sehr ein Gartenvogel, der mitunter in Nistkästen brütet; auf manchen Inseln im Atlantik lebt er mit Alken und Möwen zusammen. Überall jedoch verrät er sich durch seinen lauten Gesang, eine längere, hastig vorgetragene, schwirrende Strophe aus hohen, vibrierenden Tönen. Hält sich am liebsten in Bodennähe im dichten Gesträuch, in Reisighaufen oder in Feldsteinmauern auf. Seine Winzigkeit, seine mattbraune Färbung und seine flinken Bewegungen im Reisig und Falllaub legen den Vergleich mit einer Maus nahe. Der Lockruf ist ein trockenes, rollendes „zerr", das nicht selten zu einem harten Schmettern verlängert wird. Verfügt ferner über ein mechanisch wiederholtes „tjett . . . tjett . . ." usw.

Braunellen Familie Prunellidae

Heckenbraunelle *Prunella modularis* 14,5 cm
Ein heimlicher Vogel des Unterholzes, der sich selten länger als einen Augenblick zeigt. Wirkt insgesamt durch die blaugraue und olivbraune Färbung auffallend dunkel; das Gefieder macht fast einen verschmutzten Eindruck. Bewegungen sperlingsartig, aber die Gestalt und der nadelspitze Schnabel lassen an einen Sänger denken. Von der Spitze eines niedrigen Busches, am liebsten in der Dämmerung, singt das Männchen seine gemütlich kratzende Strophe, die im Ton dem Lied des Zaunkönigs ähnlich, aber geruhsamer im Takt ist. Der Lockruf ist ein kräftiges, deutliches „sih" oder „stie"; im Flug hört man oft ein sehr hohes, klingendes „sissississ". Unterholzreiche Wälder, Kahlschläge, Fichtenschonungen, von Dänemark aus nach Süden und Westen auch Gärten, Parks und Hecken. Ernährt sich hauptsächlich von Sämereien, in der Brutzeit jedoch zum großen Teil von Insekten.

Seidenschwanz *Bombycilla garrulus* 19 cm
Brutvogel im nördlichen Nadelwald, der Taiga, erscheint jedoch jeden Winter in wechselnder Zahl zum Teil sehr viel weiter südlich; dabei wenig scheu. Ähnelt im Flug und selbst im Sitzen aus größerer Entfernung dem Star. Die Stimme ist ein charakteristisches silbernes „sirr", das sich von einem fliegenden Schwarm wie ein wogendes Klingeln anhört. Lebt im Winter von Beeren und sucht dann Gärten, Parks und andere Orte auf, die reich an Vogelbeeren, Mehlbeeren, Hagebutten usw. sind. Vor allem im Frühjahr und Sommer bilden auch Insekten, die er geschickt, fast wie ein Bienenfresser, in der Luft schnappt, einen Teil der Nahrung.

Zaunkönig

Heckenbraunelle

Seidenschwanz

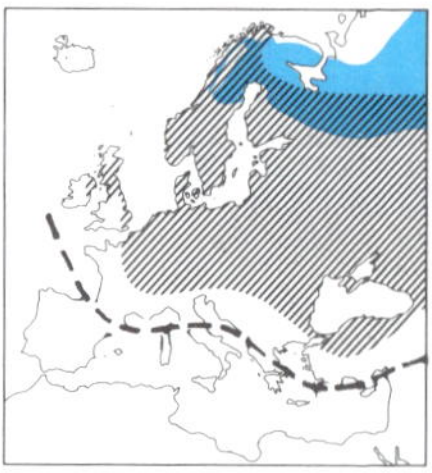

Zaunkönig
Heckenbraunelle
Seidenschwanz

Sänger Familie Muscicapidae

Die meisten Singvögel des Waldes gehören dieser Familie an. Die verschiedenen Gruppen nutzen jede nach ihrer Art die verschiedenen Schichten des Waldes für den Nahrungserwerb. Vereinfachend kann man sagen, daß die Grasmücken Insekten vom Laub der Bäume und von Kräutern ablesen, die Fliegenschnäpper fliegende Insekten aufschnappen und die Drosseln ihre Nahrung auf dem Boden und in der Erde im Fallaub usw. suchen.

Die **Grasmücken** sind kleine, flinke, ungesellige Vögel. Die Arten ähneln einander durchweg und lassen sich am leichtesten durch den Gesang unterscheiden. Das einförmige Gefieder, das ständige Verschwinden im Schatten in Laub- und Pflanzenwerk sowie die gleichartigen Lockrufe machen bei manchen Arten, besonders den Laubsängern, die Unterscheidung im Feld mitunter unmöglich. Kleine Details, z. B. Beinfarbe, Augenring, Flügelbinde usw. müssen mit Haltung, Verhalten, Aufenthaltsort und Stimme des Vogels kombiniert werden. Die Jungvögel gleichen den Alten, außer bei den Goldhähnchen. Die hier behandelten Arten werden in eigentliche Grasmücken (Gattung *Sylvia*), Laubsänger (Gattung *Phylloscopus*), an die man oft die Goldhähnchen (Gattung *Regulus*) anschließt, und Spötter (Gattung *Hippolais*) eingeteilt.
In Europa brüten insgesamt 12 Arten der Gattung *Sylvia*, davon 6 nur im Mittelmeergebiet. Außer den hier behandelten Arten brütet die Provencegrasmücke *(S. undata)* im buschreichen Heideland in Südwestengland und Westfrankreich.
Von den 6 in Europa brütenden Arten der Gattung *Phylloscopus* kommt der Nordische oder Wanderlaubsänger *(Ph. borealis)* im arktischen Birkenwald im nördlichsten Skandinavien, der Berglaubsänger in Bergwäldern im südlichen Mitteleuropa und im Mittelmeergebiet vor.
Aus der Gattung *Hippolais* brüten 5 Arten in Europa, davon 2 nur in den Mittelmeerländern und eine dritte, der Buschspötter, nur in der Sowjetunion.

Fliegenschnäpper: Charakteristisch für sie sind die aufrechte Haltung, die schnittigen Flügel, die zarten, zirpenden Lockrufe sowie die Gewohnheit, von einer strategischen Warte aus Flugjagd auf fliegende Insekten auszuführen. Die Schnabelwurzel ist verhältnismäßig breit und mit feinsten Borsten versehen. Die Jungvögel sind gefleckt.

Gartengrasmücke

Wacholderdrossel

Drosseln: Eine in bezug auf Größe und Aussehen recht heterogene Gruppe, die man in mehrere Untergruppen einteilen kann. In diesem Band werden die Rotschwänze (Gattung *Phoenicurus*) (zwei Arten), das Rotkehlchen (Gattung *Erithacus*) (eine Art), die Nachtigallen (Gattung *Luscinia*) (zwei Arten), und die Drosseln (Gattung *Turdus*) (fünf Arten) behandelt. Insgesamt brüten 6 Arten Drosseln der Gattung *Turdus* in Europa, aber die Ringdrossel *(T. torquatus)* kommt als Brutvogel nur in den Gebirgen Westskandinaviens, des nördlichen Britannien und Mitteleuropas vor. Außerdem brüten in Europa nördlich des Mittelmeeres und der Alpen noch zwei Arten Wiesenschmätzer *(Saxicola)*, das Braunkehlchen *(S. rubetra)* in feuchten Wiesen und das Schwarzkehlchen *(S. torquata)* in trockenem, heideähnlichem Gelände. Ferner brütet der Steinschmätzer *(Oenanthe oenanthe)* in mancherlei offenem, baumlosem Gelände, der Blauschwanz *(Tarsiger cyanurus)* im Nadelwald des nordöstlichsten Europa und das Blaukehlchen *(Luscinia svecica)* im Fjellgebiet Skandinaviens sowie in sumpfigem Gebüsch. Im Verhalten weisen manche Drosseln, z. B. Rotkehlchen und Amsel, erstaunliche Ähnlichkeiten auf. Beide suchen ihre Nahrung in ähnlicher Weise auf dem Boden, hüpfen ein Stückchen, stehen still und lauschen mit schiefgehaltenem Kopf, schnappen flink etwas Eßbares auf, hüpfen ein Stückchen weiter usw. Eben dieses Stillsitzen und Nach-Beute-Spähen oder -Lauschen kennzeichnet alle Drosseln. Sie leben in der Hauptsache von Insekten, Würmern, Schnecken usw., verzehren aber auch Baumfrüchte, besonders im Herbst und Winter. Bei den eigentlichen Drosseln der Gattung *Turdus* bilden Obst und Beeren einen großen Teil der Nahrung. Wie bei den Fliegenschnäppern sind die Jungvögel gefleckt.
Jede der verschiedenen *Sylvia*-Arten bewohnt, vereinfacht ausgedrückt, einen eigenen, aber schwer abzugrenzenden Biotop, der durch die verschiedenen Vegetationsmuster der Bäume und Büsche gebildet wird, von der Dorngrasmücke im Schlehengebüsch am Feldrand bis zur Mönchsgrasmücke im hochstämmigen Wald. Der Gesang besteht z. T. aus einem sogenannten Grasmückengeschwätz, einem plaudernden, murmelnden Lallen oder einem eiligen Flötensolo. Die harten und rauhen Lock- und Warnrufe der verschiedenen Arten ähneln sich ebenfalls sehr, während die Unterschiede in der Färbung größer sind als bei den übrigen Grasmückenarten.

Mönchsgrasmücke *Sylvia atricapilla* 14 cm

Wenn man sie gut zu sehen bekommt, erkennt man sie leicht an dem schwarzen bzw. rotbraunen Käppchen. Aber selbst wenn sie sich öfter zeigt als die Gartengrasmücke, so muß man sich doch meist nach dem wohllautenden Gesang richten, der aus einem frisch belaubten Baum erklingt: ein hübscher, murmelnder Auftakt, als ob sie den richtigen Ton suche, geht über in ein Flötenspiel weicher, klarer Töne, den sogenannten Überschlag, der in manchen Gegenden durch ein eintöniges „Leiern" ersetzt wird. Die Strophe ist oft kürzer als die der Gartengrasmücke, aber eingestreute Nachahmungen der Gartengrasmücke und anderer Arten sowie mitunter ausgedehnteres Schwätzen können es schwer machen, diese beiden Arten zu unterscheiden. Lock- und Warnruf sind ein hartes „teck", härter und energischer als bei der Gartengrasmücke. Ferner ein „cherr" und, stark beunruhigt, „teck-teck-teck-tjeckcherr". Verlangt dichten, aber zugleich luftigen Wald, von mit Laubbäumen durchsetztem Fichtenwald bis zum städtischen Park. Ankunft in Mitteleuropa ab Ende März, also bedeutend früher als die Gartengrasmücke.

Sperbergrasmücke *Sylvia nisoria* 15 cm

Wirkt aus der Entfernung dunkel, oben grau mit braunem Anflug, unten heller. Aus der Nähe — was man bei diesem scheuen Vogel selten erlebt — machen die Bänderung und das „Sperberauge" jede Verwechslung unmöglich. Junge Sperbergrasmücken sind ebenfalls von jungen Gartengrasmücken in mehr Merkmalen verschieden als ihnen ähnlich. Die völlig aschgraue Färbung hat keinen olivfarbenen Anflug. Sie ist langschwänzig und grobschnäblig, bewegt sich etwas wendehalsartig plump im Gebüsch und fliegt in deutlich gerader und direkter Flugbahn einen Meter über dem Boden. Von der Spitze eines Busches aus oder in schmetterlingshaft gaukelndem Singflug über seinem Revier singt das Männchen sein Lied, in der Form wie ein langsames Gartengrasmücken-, im Ton wie ein dunkel klingendes Dorngrasmükkenlied. Rauhe „arrr"-Rufe mischen sich in den Gesang, die zusammen mit dem gedehnten, wie ein Moped knatternden Lockruf „arrrt-at-at-at" das beste Kennzeichen der Art bilden. Liebt offenes, sonniges Buschgelände mit Weißdorn, Schlehen und Wacholder, an der Ostsee gern auf Inseln.

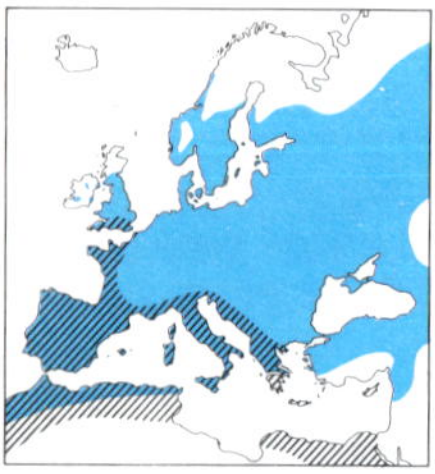

Mönchsgrasmücke

Sperbergrasmücke

♂
♀
Mönchsgrasmücke
juv.
♂
Sperbergrasmücke

Gartengrasmücke *Sylvia borin* 14 cm

Scheint auf den ersten Blick keinerlei charakteristische Merkmale zu besitzen, und von weitem läßt die gleichförmige warme Färbung fast an einen Rohrsänger denken. Aus der Nähe entdeckt man jedoch eine Reihe kleiner Einzelheiten, die dem Vogel einen eigenen Charakter verleihen: zarte Farbnuancen, mit ockerfarbenen Flanken und oft mausgrauen Halsseiten, ein weiches, rundes, „sanftes" Gesicht mit einem deutlichen Augenring. Im frisch gemauserten Gefieder bilden vor allem von hinten die hellen Spitzen der Schwungfedern ein deutliches Merkmal. Am besten jedoch erkennt man die Art am Gesang: ein murmelnder Bach klarer Töne, plaudernd, aber ohne die Flötentöne der Mönchsgrasmücke; auch ein „cherr". Biotop ähnlich wie die Mönchsgrasmücke, verlangt aber nicht unbedingt Bäume, dafür dichteres Gebüsch; weniger Gartenvogel als die Mönchsgrasmücke.

Klappergrasmücke *Sylvia curruca* 13,5 cm

Ein flinker, kleiner Vogel, von dem man in Wacholder- oder Schlehengestrüpp kaum mehr als eine Spur zu sehen bekommt, oder der wie ein dunkler Schatten mit hängendem Schwanz in ruckartigem Flug in einer Hecke untertaucht. Färbung und Tönung des Gefieders wechseln, aber der kurze Schwanz, die dunklen Beine und der fehlende Augenring unterscheiden sie jederzeit von der Dorngrasmücke. Bei vielen sind auch dunklere Wangen sowie einheitlicheres und graueres Gefieder unterscheidende Merkmale. Der Gesang ist ein eintöniges kurzes Klappern; verfügt auch über ein Grasmückengeschwätz, oft als Auftakt zum Klappern, aber auch selbständig und dann schwer von dem der Dorngrasmücke zu unterscheiden. Lockruf ist ein schmatzendes „tjäck", das bei Beunruhigungen härter und lauter wird.

Dorngrasmücke *Sylvia communis* 14 cm

Das Männchen ist für eine Grasmücke verhältnismäßig bunt, während das Weibchen einfarbiger ist. Der lange, weißgesäumte Schwanz, die hellen Augen, der weiße Augenring, die hellen Füße und die rotbraunen Säume der Armschwingen unterscheiden beide Geschlechter von der Zaungrasmücke. Der Gesang ist ein munteres, etwas rauhes, leicht zu merkendes Liedchen, das sie auf dem Höhepunkt der Balz im Singflug vorträgt. Besonders zu Beginn der Balzzeit hört man auch ein zusammenhängendes Schwätzen, das dem der Gartengrasmücke ähnelt, in das aber immer der typische Lockruf „wäd, wäd, wäd" eingestreut ist. Bei Beunruhigungen auch ein härteres, wiederholtes „check". Die Dorngrasmücke war früher ein häufiger Bewohner sonniger offener Stellen mit Kräutern und Sträuchern sowie der Hecken und gelegentlich der Waldränder (nicht des Waldinneren), ist aber seit einigen Jahren in Westeuropa sehr selten geworden.

Gartengrasmücke

Klappergrasmücke

Dorngrasmücke

Gartengrasmücke
Klappergrasmücke
♂
Dorngrasmücke
♀

Fitis *Phylloscopus trochilus* 11 cm

Sehr häufig, vor allem im nordischen Birkenwald. Vom Zilpzalp am besten durch den Gesang zu unterscheiden; der Anfang des Liedes erinnert an den Buchfinken, aber der Abschluß klingt wehmütig schmachtend. Der Lockruf ist ein weiches „hüiit", oft etwas leiser und weicher als beim Zilpzalp. Die Färbung variiert bei den verschiedenen Rassen und nach dem Grad der Abnutzung, ist aber durchweg blasser und unterseits gelblicher, Beine meist — jedoch nicht immer — heller als beim Zilpzalp. In den meisten Waldtypen und in Parks, auch in größeren Gärten mit Laubbäumen.

Zilpzalp *Phylloscopus collybita* 11 cm

Sehr häufig. Vom Fitis am leichtesten durch den Gesang zu unterscheiden, ein unregelmäßig gereihtes „zilp zalp zilp zalp zilp zilp zalp", das wie ein Aufstoßen klingt. Der Lockruf „hüit" ist dem des Fitis sehr ähnlich, aber lauter und deutlicher einsilbig. Die Färbung ist dunkler als bei jenem, und die Beine sind dunkel, oft schwarzgrau. Laub- oder Mischwälder, meist höher und dichter, als der Fitis sie liebt.

Grünlaubsänger *Phylloscopus trochiloides* 11 cm

Von anderen Laubsängern am leichtesten durch die Stimme zu unterscheiden. Der Gesang ist wie die Bewegungen und das ganze Wesen des Vogels hitzig und impulsiv. Er beginnt oft mit dem sehr bachstelzenähnlichen Lockruf „tzli-witt" und wird mit einer kurzen, stotternden Strophe ähnlicher, explosiver und fast überkippender hoher Töne fortgesetzt. Mitunter geht der Schluß, als ob die Stimme nicht hielte, in eine Reihe weniger spitzer, mehr fitisähnlicher Töne über, aber meist wirkt er auffallend abgehackt, wie ein verstümmelter Zaunkönigsgesang. Im frisch vermauserten Gefieder mit grauweißem Anflug, einer schmalen, hellen Flügelbinde und deutlichem gelben Überaugenstreif, dazu dunkle Beine. Vögeln im abgenutzten Gefieder fehlt oft die Flügelbinde, und sie sind dann im Feld kaum von Fitis oder Zilpzalp zu unterscheiden. Waldränder, Wäldchen und Baumgruppen.

Waldlaubsänger *Phylloscopus sibilatrix* 12,5 cm

Die Größe sowie die reine, deutlicher gelbe und grüne Färbung unterscheiden ihn von den anderen Laubsängern. Ferner wirkt er von unten — wie man ihn oft sieht — länglich dreieckig und hat einen rein weißen Bauch sowie eine breite, oft deutlich orangefarbene Schnabelwurzel. Der Gesang besteht aus einer Reihe klirrender „zipp", die immer schneller werden und in ein metallisches Schwirren übergehen „zipp zipp zipp . . . zirrr". Der Lockruf, ein klagendes „tü", ist arttypisch und dient, gereiht, ebenfalls als Gesang. Lichter, am liebsten hochstämmiger, alter Laubwald, vor allem Buchenwald.

Fitis

Zilpzalp

Grünlaubsänger

Waldlaubsänger

juv.
Fitis
Zilpzalp
Grünlaubsänger
Waldlaubsänger

Orpheusspötter *Hippolais polyglotta* 13 cm

Vom Gelbspötter am sichersten durch die Stimme zu unterscheiden. Der Gesang klingt weicher als der des Gelbspötters, ohne die langen „Kratzer auf der Violine“, ist schneller, mehr plaudernd und enthält weniger Wiederholungen. Der charakteristische Lockruf, ein haussperlings- oder sperbergrasmückenähnliches Zetern, wird auch hineinverwoben. Der wichtigste Unterschied im Gefieder ist die Abwesenheit oder geringere Deutlichkeit eines hellen Flügelfeldes. Der rundere Kopf, die kürzeren Flügel, die etwas sattere, weniger zitronengelbe Unterseite sowie die meist brauneren Beine sind im Feld schwer zu beobachten. Aufenthalt und Verhalten wie Gelbspötter.

Gelbspötter *Hippolais icterina* 13,5 cm

Nur eine Spur größer als der Waldlaubsänger, sieht aber wegen seiner hohen Stirn und aufrechten Haltung recht kräftig aus. Außer durch die Stimme kaum vom Orpheusspötter zu unterscheiden; jedoch ermöglichen beim frisch vermauserten Vogel die hellen Flügelflecken und die grauen Beine eine Bestimmung. Der Gesang ist kräftig und reich an Wiederholungen und Nachahmungen; er ist durch hohe, quietschende, an eine Violine erinnernde Tonfolgen gekennzeichnet. Gelegentlich wird auch der charakteristische Lockruf, ein explosives und dennoch weiches „hippolüit“, hineinverwoben. Hat auch ein wiederholtes, mönchsgrasmückenähnliches, schnalzendes „tack“, das bei Beunruhigungen oft in ein Schmettern übergeht. Brütet in lichtem Laubwald, Parks, Gärten und Feldgehölzen, selten in Nadel- oder Mischwald.

Wintergoldhähnchen *Regulus regulus* 9 cm

Unterscheidet sich durch seine Winzigkeit und seinen „gemütlichen Gesichtsausdruck“ von den meisten Arten, mit denen er verwechselt werden könnte. Verrät seine Anwesenheit durch äußerst feine, an das Quietschen einer Tür erinnernde „zii-zii-zii . . . zzii . . . zi-“ usw., zischender als der Lockruf der Tannenmeise. Der Gesang liegt auf der gleichen Tonhöhe, ein feines, auf- und absteigendes „zih ssississiü-ssih ssississiü-ssih ssississietüit“ (vgl. Waldbaumläufer Seite 102). Jungvögeln fehlt der Scheitelstreif. Liebt Nadel- oder Mischwald, vor allem mit Fichten. Lebt von kleinen Insekten und ihren Larven und Puppen. Tritt im Herbst oft in kleinen Gruppen auf und schließt sich regelmäßig den Meisenzügen (siehe Seite 96) an.

Sommergoldhähnchen *Regulus ignicapillus* 9 cm

Unterscheidet sich vom sonst ganz ähnlichen Wintergoldhähnchen durch breiten weißen Überaugenstreif, dunklen Augenstreif und dicke Backen. Der Gesang „ssississississisitt“ ist einfacher und nimmt zum Schluß an Stärke zu. Der Lockruf gleicht dem des Wintergoldhähnchens; hat aber auch ein mehr meisenartig pfeifendes „piip“, das taktmäßiger wiederholt wird. Häufiger im Laubwald als Wintergoldhähnchen.

Orpheusspötter

Gelbspötter

Wintergoldhähnchen

Sommergoldhähnchen

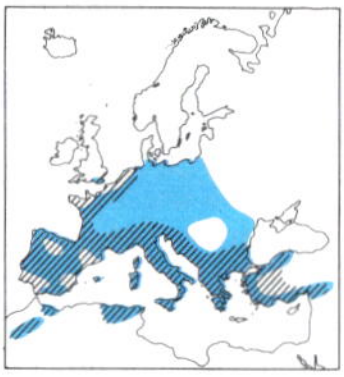

Orpheusspötter
Gelbspötter
Wintergoldhähnchen
♀
♂
juv.
juv.
♀
♂
Sommergoldhähnchen

Grauschnäpper *Muscicapa striata* 14 cm

Ist in mancher Hinsicht ein Sonderling unter den Sperlingsvögeln. Sein Fliegenschnäpperverhalten macht ihn zusammen mit der unauffälligen Färbung leicht kenntlich. Wenn man ihn aus der Entfernung als Silhouette oben auf einem dünnen Zaunpfahl oder außen auf einem trockenen Zweig sitzen sieht, unterscheidet ihn schon die Kopfform von den anderen Fliegenschnäppern. Seine Bewegungen während der Flugjagd sind weich und geschmeidig, der Flügelschlag etwas langsam, kaum wahrnehmbar. Bleibt oft flatternd in der Luft stehen und fliegt seitwärts wie ein Kolibri. Kehrt nach verrichteter Sache wieder zum Ausgangspunkt zurück. Es knackst, wenn er mit seinem breiten Schnabel in der Luft nach einem Insekt schnappt. Läßt im Sitzen ein schmatzendes „tz, tz, tz" sowie ein zartes, zirpendes „ptsirr" oder „tsii" hören. Der Gesang ist ganz unbedeutend; er besteht aus drei- bis viermal wiederholten lockrufähnlichen gedehnten Zirplauten. Jungvögel sind oben hell gefleckt. Kommt in verschiedenen Biotopen vor, aber nicht in allzu dichtem Wald; häufig in trockenem, lichtem Kiefernwald sowie in der Nähe von Siedlungen und Gebäuden. Das Nest steht freier als bei den übrigen Fliegenschnäppern an recht unterschiedlichen Stellen, z. B. in Dachluken, auf Nistkästen, auf abgebrochenen Baumstämmen usw. Lebt fast ausschließlich von Fluginsekten. An Stellen, wo es reichlich Mückenschwärme und dergleichen gibt, versammeln sich oft kleine Gesellschaften.

Zwergschnäpper *Ficedula parva* 11,5 cm

Das wichtigste Kennzeichen ist die schwarzweiße Schwanzzeichnung, durch die er sich von den übrigen Fliegenschnäppern sowie von anderen kleinen, graubraunen Singvögeln unterscheidet. Klein, mit steiler Haltung und flinken Bewegungen. Die Augen erscheinen groß, und die breite Schnabelwurzel leuchtet im Gegenlicht oft gelb. Das Männchen erhält seine rote Kehle erst mit zwei oder möglicherweise drei Jahren. In seinem eigentlichen Lebensraum ist der Vogel oft schwer zu entdecken, da er sich am liebsten oben in den Baumwipfeln aufhält und sich dort rastlos bewegt. Sein Gesang wird leicht überhört, da er in Form und Ton dem anderer Arten gleicht, die im selben Biotop brüten. Oft läßt sich ein Auftakt ähnlich dem des Waldlaubsängers oder des Baumpiepers und eine ersterbende, fitis- oder rotdrosselähnliche zweite Hälfte feststellen. Das Lied ähnelt dem des Trauerschnäppers, aber der Ton ist heller, der Klang wehmütiger; eine Verwechslung mit dem Fitis liegt am nächsten. Um so kennzeichnender und eindeutiger ist sein zaunkönigähnliches Schmettern. Hat auch einen weichen, wehmütigen Lockruf „tüli" sowie ein Zirpen. Lebt von Insekten, die er in den Baumkronen aus der Luft fängt oder von Zweigen und Blättern liest, nicht wie der Grauschnäpper in der freien Luft. Brütet meist in Laub- oder Mischwald, aber auch in reinem Nadelwald.

Grauschnäpper

Zwergschnäpper

Grauschnäpper
♂
♀
juv.
Zwergschnäpper

Trauerschnäpper

Halsbandschnäpper

juv.

Trauerschnäpper *Ficedula hypoleuca* 13 cm
Verrät sich durch Haltung und Benehmen als Fliegenschnäpper. Hat die ausgeprägte Gewohnheit, mit den Flügeln zu schlagen. Die Färbung der Oberseite variiert von rußschwarz bis dunkelgraubraun, ist aber mitunter rein graubraun. In Mitteleuropa überwiegen diese „weibchenfarbigen" Männchen; und in manchen Gegenden kommen ausschließlich solche vor. Von den Weibchen unterscheiden sie sich durch den weißen Flügelfleck. Die Weibchen sind im Felde nicht sicher von denen des Halsbandschnäppers zu unterscheiden, haben aber eine braunere Oberseite und meist weniger Weiß auf den Flügeln. Der Gesang variiert erheblich und wird leicht mit dem des Gartenrotschwanzes verwechselt; ist jedoch im Auftakt melodiös wie beim Rotkehlchen oder einer kleinen Drossel. Läßt auch ein kurzes „pwitt" oder „pwitt, pwitt" sowie ein hartes „pick" hören, das bei Beunruhigungen schnell wiederholt wird „pick, pick, pick ...". Brütet in Höhlen in Laub- und Nadelwald; liebt Nistkästen, daher häufig in Parks und Gärten. Lebt von Insekten, die in der Luft, seltener auf dem Boden gefangen werden.

Halsbandschnäpper *Ficedula albicollis* 12,5 cm
Männchen durch Halsband und weißen Bürzel leicht, Weibchen jedoch im Feld praktisch unmöglich vom Trauerschnäpper zu unterscheiden. Verrät sich meist durch seinen charakteristischen Lockruf, ein volles, saugendes „ihp" oder „hiep", nicht unähnlich dem Warnruf der Nachtigall. Der Gesang ist ein langsames, zirpendes Hin- und Herkratzen, oft mit einem knarrenden Schluß; mitunter werden einige helle „zitlü, zitlü, zitlü ..." oder ähnliche, mehr trauerschnäpperartige Tonfolgen hineinverwoben. Dennoch leicht vom Gesang des Trauerschnäppers zu unterscheiden, da man im Anschluß an das Lied fast immer den Lockruf hört. Bei Störungen ein wiederholtes, hartes „pick", oft mit dem Lockruf kombiniert, „ihp-pick, pick ... pick", usw. Brütet wie der Trauerschnäpper meist in Baumhöhlen und Nistkästen, wählt aber, im Vergleich zu jenem, dichtere Laubwälder und Obstgärten. Ernährung und Verhalten wie beim Trauerschnäpper, aber meist höher oben in den Bäumen.

♀
Trauerschnäpper
♂
♀
♂
Halsbandschnäpper

Gartenrotschwanz *Phoenicurus phoenicurus* 14 cm

Der ziegelrote Schwanz ist, wie beim Hausrotschwanz, das auffallendste Merkmal. Selbst das bunte Männchen bleibt oft unentdeckt, bis es im Davonfliegen seinen Schwanz zeigt. Der sitzende Vogel hat eine kecke, aufrechte Haltung; er zittert in gleichmäßigen Abständen leicht mit dem Schwanz. Die Weibchen unterscheiden sich von den Weibchen und jungen Männchen des Hausrotschwanzes durch helle, meist weiße Kehle und bedeutend hellere Unterseite. Sitz oft wie die Fliegenschnäpper auf einem geeigneten Aussichtsposten und späht nach Beute aus, fliegt aber meist zu Boden, um sie aufzuschnappen. Erwacht als erster unter den Singvögeln des Waldes, und der Gesang des Männchens erklingt am lautesten im Morgengrauen. Wählt als Singwarte oft einen hohen, freien Platz, z. B. die Spitze einer Fichte. Das Lied, das variiert und zuweilen dem des Trauerschnäppers oder dem des Rotkehlchens gleicht, enthält oft kurze Nachahmungen. Es klingt hell und etwas wehmütig und wird fast immer durch ein „hüit" und ein darauffolgendes rollendes „tüi-tüi-tüi-tüi" eingeleitet. Der Lockruf ist fitisähnlich, wird aber oft mit dem Warnlaut zu einem arttypischen „hüit-tick-tick" kombiniert. Brütet in lichtem Wald, Alleen, Parks und Gärten, in Naturhöhlen oder Nistkästen. Die Nahrung besteht aus Insekten und ihren Larven, seltener aus Beeren und Früchten.

Hausrotschwanz *Phoenicurus ochruros* 14 cm

Das alte Männchen ist leicht am dunklen Gefieder und dem oft auf große Entfernung sichtbaren hellen Flügelfleck zu erkennen. Es ist aber erst mit zwei Jahren ausgefärbt und vorher im Feld unmöglich von einem Weibchen zu unterscheiden. Dieses gleicht einem rußigen oder verschmutzten Gartenrotschwanzweibchen, doch sind Kehle und Bauch stets dunkler. Brütet in Mitteleuropa, Skandinavien und England in Städten und Dörfern, wo hohe Häuser und Industriegebäude den ursprünglichen Gebirgsbiotop der Art ersetzen. Als Singwarte wählt das Männchen einen hochgelegenen Platz, einen Schornstein, einen Kirchturm, eine Fernsehantenne oder dergleichen. Der Gesang wird oft verstärkt, wenn er zwischen den Betonfassaden der Straßen erklingt. Der Urheber des lauten Liedes, ein dunkler Punkt auf einem Dach, ist oft verblüffend schwer zu orten. Sein Gesang spaltet sich oft mehr oder weniger auf in drei bis vier angestrengt herausgepreßte Stücke. Diese variieren, aber oft hört man einen spitzen, zaunkönigshaften Auftakt „swi-swi-swi-swi-swi" und ein charakteristisches vokalloses Knistern wie von kleinen Kieseln. Der Lockruf ist kürzer als der seines Verwandten „tsip", bei Störungen „tsip-tsip-tsip", oft gefolgt von einem „tack-tack-tack". Ernährung ähnlich wie beim Gartenrotschwanz, aber er fängt öfter Insekten in der Luft, und man sieht ihn mitunter rütteln und an Hauswänden entlang, unter Dächer usw. fliegen.

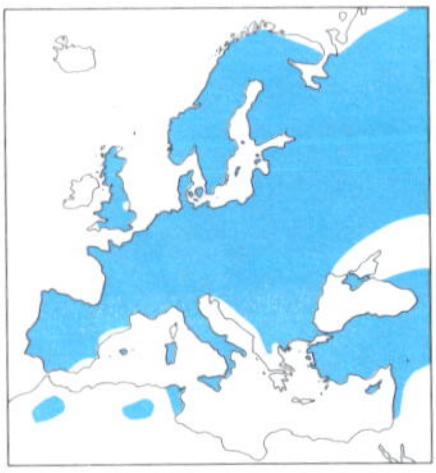

Gartenrotschwanz

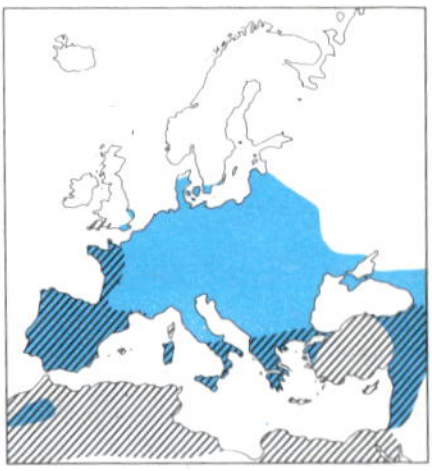

Hausrotschwanz

♂ Herbst
♀
Gartenrotschwanz
♂
Hausrotschwanz
☿
♂

Rotkehlchen *Erithacus rubecula* 14 cm

Wenn man einen olivbraunen, sperlingsgroßen Singvogel in einem Gebüsch verschwinden sieht und schwankt, ob es ein Rotkehlchen oder eine Nachtigall ist, so ist der olivbraune, nicht rostrote Schwanz ein gutes Unterscheidungsmerkmal; auch ist die Nachtigall deutlich größer. Der Gesang des Rotkehlchens ist unverwechselbar, eine Kaskade von glasklaren Tönen, die unter ständigem Tempowechsel dahinperlen, ersterben und von neuem hervorbrechen. Läßt auch ein feines „tick" und ein weich saugendes „sih" hören. In Skandinavien ist das Rotkehlchen in der Brutzeit heimlich und vor allem in dichtem Fichtenwald anzutreffen. Auf dem Kontinent und den britischen Inseln brütet es überall in Parks und Gärten. Lebt von verschiedenen bodenbewohnenden Insekten, in Herbst und Winter auch von Beeren und Früchten. Singt auch im Winterquartier, wo es ebenfalls ein Revier verteidigt.

Sprosser *Luscinia luscinia* 16,5 cm

Nur unter günstigen Umständen lassen sich Sprosser und Nachtigall im Felde ausschließlich an Unterschieden im Gefieder sicher unterscheiden. Der Sprosser ist dunkler, mehr olivbraun, und Brust und Flanken sind gefleckt. Jungvögel ähneln jungen Rotkehlchen, haben aber einen rostroten Schwanz. Sehr heimlich, hält sich am liebsten in niedriger, dichter Vegetation am Boden auf, wo er sich wie das Rotkehlchen in einem eng begrenzten Revier bewegt. Der sehr laute Gesang besteht aus hellen, „saugenden" Pfiffen, anhaltenden Flötentönen und tonlosem Klappern. Ohne direkten Vergleich sind Sprosser und Nachtigall sehr schwer durch den Gesang zu unterscheiden. Qualität und Tempo wechseln bei dem einzelnen Vogel und mit der Tageszeit. Die meisten Sprosser haben jedoch einen langsameren, stärker akzentuierten und einförmigeren Gesang, bei dem die Strophen regelmäßiger wiederholt werden. Der Lockruf ist ein kurzes und scharfes „tsitt" oder „tsiterr". Wenn man sich dem Nest nähert, warnt der Vogel mit einem mechanisch wiederholten saugenden „hüitt". Kommt in dichtem, feuchtem, schattigem Gebüsch vor. Lebt von Insekten, Würmern und Schnecken, im Herbst auch von Beeren und Früchten.

Nachtigall *Luscinia megarhynchos* 16,5 cm

Der südliche bzw. westliche Vertreter des Sprossers mit ähnlichen Gewohnheiten und ähnlichem Verhalten. Wirkt einfarbiger und ist oben mattbraun, an den Seiten zart grau getönt. Der Gesang gleicht dem des Sprossers, enthält aber im Unterschied zu diesem fast immer eine Folge von flötenden „piü", die langsam im Crescendo verstärkt werden, das sogenannte „Schluchzen". Trotz großer Variationen im einzelnen trägt die Nachtigall im allgemeinen ihr Lied lebhafter vor und bringt manchmal Tonfolgen hervor, die denen der Rohrsänger (Gattung *Acrocephalus*) ähneln. Andere Laute wie die des Sprossers, läßt aber oft ein „hüi" oder „hiht" hören.

Rotkehlchen

Sprosser

Nachtigall

Rotkehlchen
juv.
Sprosser
Nachtigall

Wacholderdrossel

Misteldrossel

Amsel *Turdus merula* 25 cm

Eine der häufigsten Arten in Parks und Gärten, selbst mitten in der Großstadt, sofern nur ein paar Bäume und Sträucher vorhanden sind. Im ersten Jugendkleid dunkelbraun mit gelblichen Flecken. Lebt mehr als die übrigen Drosseln auf dem Boden und flüchtet, aufgescheucht, gern unter eine Hecke oder einen Busch, wo sie oft mit einer Reihe schnalzender „tjack"-Rufe protestiert, die in ein schrilles, metallisches Geschrei übergehen. Gibt sich im Gebüsch und Versteck oder beim Überfliegen einer freien Fläche durch ein scharfes, hohes „srrii" zu erkennen. Am bekanntesten wohl durch ihren Gesang, der oft bereits im Februar laut erschallt. Von einem Baumwipfel, einem Schornstein oder einer Fernsehantenne aus läßt das Männchen sein bald weich flötendes, bald jodelndes oder zwitscherndes Lied erklingen. Brütet, außer im Bereich von Siedlungen, in Laub- und Mischwald mit viel Unterholz. Die Nahrung besteht aus Würmern, Schnecken und Insekten nebst verschiedenen Beeren und Früchten.

Wacholderdrossel *Turdus pilaris* 25,5 cm

In Skandinavien die am häufigsten beobachtete der gefleckten Drosseln. Im Flug ist wie bei der Misteldrossel das weiße Dreieck der Flügelunterseite auffällig. Die Stimme ist, wie das Krächzen der Elster, unmöglich zu beschreiben, aber sehr charakteristisch. Meist läßt sie ein etwas krächzendes „chack-chack-chack (-chackarrr)" hören, wie das Geräusch einer Heckenschere, dazu auf dem Flug ein feines „ssii". Der Gesang, der im Flug oder vom Wipfel eines Baumes vorgetragen wird, ist ein fast unmusikalisches, knarrendes Geplauder mit eingestreutem Schackern. Oft mit anderen Drosseln auf kurzrasigen Wiesen vergesellschaftet, wo sie auf typische Drosselart Regenwürmer erst mit Hilfe des Gehörs ortet und dann herauszieht. Verzehrt auch anderes kleines Getier und Insekten sowie Früchte und Beeren. Brütet kolonienweise, am liebsten in parkähnlichem, hochstämmigem Birken- oder Kiefernwald, aber auch in offenem Gelände mit einzelnen Baumgruppen. In Ausbreitung nach Westen begriffen.

Amsel

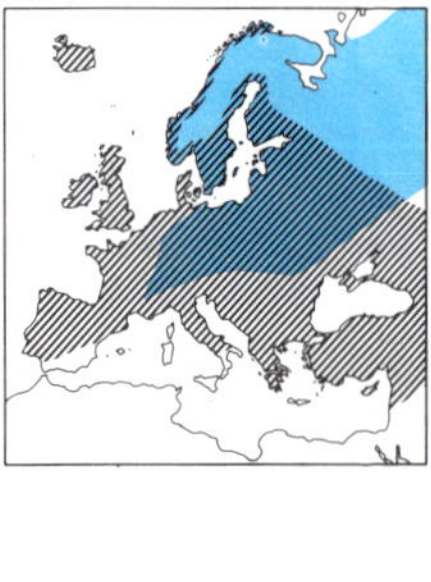

Wacholderdrossel

♂
Amsel
♀
Wacholderdrossel

Rotdrossel *Turdus iliacus* 21 cm

Die kräftige Gesichtszeichnung ist das wichtigste Merkmal. Erinnert im Flug an die Singdrossel, von der sie sich durch den Flugruf unterscheidet: Die Rotdrossel ruft zart saugend „tsüiip“, die Singdrossel kurz tickend „zipp“. Im Herbst haben vor allem Jungvögel einen kräftig rostgelben Anflug auf Kopf und Brust. Der Gesang besteht aus zwei Teilen: erst einige laute Flötentöne, dann ein leises, meist anhaltendes, hitzig vorgetragenes Gezwitscher. Die Flötentöne variieren sehr, aber da die Vögel einander nachahmen, hört man in einer Gegend meist nur einen Typ. Eine häufige Variante ist ein rollendes „tjirre, tjerre, tjürre, tjörre“, das in der Tonhöhe abfällt, wie wenn man eine Schallplatte durch zufällige Berührung abbremst. Nicht selten hört man nur ein hastiges „tjitjeü-tjiteü“. Ähnliche Strophen hört man auch auf dem Frühjahrsflug aus dem Geschwätz rastender Schwärme heraus. Läßt auch ein gedämpftes „köck“ hören; Warnlaut ein hartes Knattern. Brütet in niedriger bewachsenem Gelände als die Wacholderdrossel.

Singdrossel *Turdus philomelos* 23 cm

Wesentlich kleiner als Misteldrossel. Im Flug von der Rotdrossel durch den Flugruf zu unterscheiden (siehe oben). Der Gesang klingt meist leicht flötend und besteht aus kurzen, eher gesprochenen als gesungenen Strophen. Jede Strophe wird drei- bis viermal wiederholt und dann nach kurzer Pause durch eine neue ersetzt. Nachahmungen sind häufig. Während die Singdrossel in Nord- und Osteuropa ein scheuer Bewohner feuchter, moosiger Nadel- und Mischwälder mit viel Unterholz geblieben ist, hat sie sich in West- und Mitteleuropa an die veränderten Umweltbedingungen angepaßt. Hier ist sie ein häufiger Park- und Gartenvogel. Lebt von Würmern, Schnecken, Insekten und allerlei Früchten und Beeren.

Misteldrossel *Turdus viscivorus* 27 cm

Wenn man auf einer Waldlichtung eine oder, häufiger, ein Paar Misteldrosseln hochgemacht hat, fallen der bogenförmige Flug mit nach Taubenart angelegten Flügeln und der dicke, leicht olivbraun leuchtende Bürzel auf. In den gemischten Drosselschwärmen im Herbst unterscheidet sie sich von der Wacholderdrossel durch den geringen Farbunterschied zwischen Schwanz und Bürzel sowie durch die beim Senken des Schwanzes sichtbaren weißen Spitzen der äußeren Steuerfedern (siehe Seite 92). In der Luft verrät sie sich meist durch ihren schnarrenden Flugruf „rrrrr“. Der Gesang besteht aus kurzen Flötenstrophen, ähnlich wie bei der Singdrossel, aber sie werden nicht regelmäßig wiederholt, und die Pausen sind länger; der Klang erinnert an die Amsel, ist aber voller. Brütete ursprünglich im Hochwald, in Skandinavien am liebsten in trockenem Nadelwald, in Westeuropa jetzt auch in Parks und großen Gärten. Lebt von Würmern, Schnecken, Insekten, Früchten und Beeren.

Rotdrossel

Singdrossel

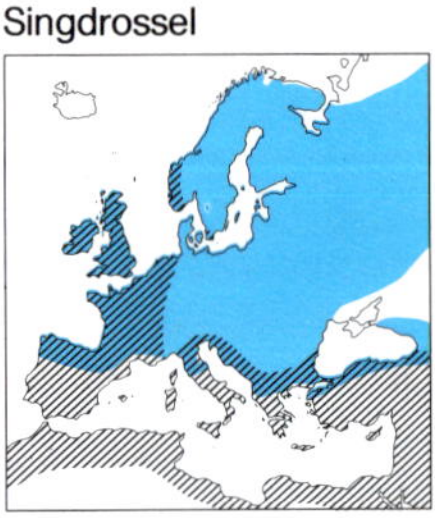

Misteldrossel

Rotdrossel
Singdrossel
Misteldrossel

Schwanzmeisen Familie Aegithalidae und Meisen Familie Paridae

Kleine, lebhafte Vögel, die sich hauptsächlich von Insekten und dergleichen sowie von allerlei Sämereien ernähren. In Europa sind die meisten Arten Standvögel; sie können aber bei schlechtem Nahrungsangebot weite Wanderungen unternehmen (Kohl-, Blau-, Tannenmeise). Im Winterhalbjahr finden sich oft mehrere Arten in kleinen Flügen zusammen, die gemeinsam umherstreifen, meist innerhalb eines begrenzten Umkreises. Goldhähnchen, Baumläufer und Kleiber schließen sich oft solchen sogenannten Meisenzügen an, mitunter auch ein Klein- oder ein Buntspecht. Meisen bewegen sich meist flink und akrobatisch im Gezweig, und um den Kontakt nicht zu verlieren, melden sie sich ständig mit ihren Stimmfühlungs- oder Lockrufen. Mehrere Arten speichern bei gutem Angebot Nahrung für den Winter. Der einzelne Vogel findet wahrscheinlich meist das, was seine Artgenossen versteckt haben und seltener das, was er selbst gehortet hat. Beim Speichern und im Winter beim Suchen der Nahrung beschränkt sich jede Art auf einen bestimmten Teil des Baumes mit dem Ergebnis, daß die Meisen die Vorräte der eigenen Art verwerten, nicht aber die einer anderen. Besonders ausgeprägt ist diese Aufteilung bei den an den Nadelwald gebundenen nördlichen Rassen der Weiden-, Hauben- und Tannenmeise. Schematisch betrachtet, hält sich die Weidenmeise dicht am Stamm, die Haubenmeise im Mittelteil der Äste und die Tannenmeise am weitesten draußen auf den Zweigspitzen. Eine solche Trennung ist jedoch am ausgeprägtesten bei Futterknappheit; oft nutzen verschiedene Arten gemeinsam eine gute Futterquelle.

Schwanzmeise *Aegithalos caudatus* 14 cm
Gleicht einem dichten Wattebausch mit langem Schwanz. Bei der nördlichen und östlichen Rasse ist der Kopf rein weiß, bei den südlichen Rassen weist er ein schwarzes Band auf; Übergangsformen kommen vor. Verrät sich in gemischten Meisenschwärmen sofort durch die ständigen lauten Lockrufe, kurze, surrende „tserr“, vermischt mit schmatzenden „teck“. Im Herbst und Winter familienweise in kleinen, eng zusammenhaltenden Gruppen. Wenn sie beim Umherstreifen offenes Gelände überqueren müssen, sammeln sie sich unter ständigen durchdringenden, dreisilbigen „tsi-tsi-tsi“-Rufen, um dann eifrig lockend hinüberzufliegen. Der Gesang, ein zarter, blaumeisenähnlicher Triller, ist selten zu hören. Kommt im Norden meist in gebüschbestandenem Laub- oder Mischwald vor, gern in sumpfigem Gelände an Seen und Flüssen. Im Süden oft auch in offenerem Gelände mit Gebüschen und Hecken. Lebt größtenteils von kleinen Insekten und Spinnen. Das kunstvolle Nest ist rund-oval mit einem seitlichen Einflugloch.

Schwanzmeise

Schwanzmeise
nördliche und
östliche Rasse
südliche Rasse

Blaumeise *Parus caeruleus* 11,5 cm

Bereitet kaum Bestimmungsschwierigkeiten, außer durch ihre abwechslungsreichen Lautäußerungen. Der liebliche, silberhelle Gesang ist ein lang anhaltendes, klingelndes „psi-tsi-ssirrrrrrrr". Läßt ferner oft ein schnärrendes, leicht schnippisches „cherrecherrecherre", ein hüpfendes, silbern klingendes „tji-di-di-di" oder „ptsi-tsi-di-di-di", ein „pizitzä" und ein zartes „ptsi" hören. Brütet am liebsten in lichtem Laub- oder Mischwald, in Parks und Gärten; nimmt gern Nistkästen an. Lebt vor allem von Insekten, weniger von Samen und Beeren als die Kohlmeise. Im Herbst und Winter häufig im Schilf, wo sie sich von in Schilfhalmen überwinternden Insekten und Puppen ernährt.

Kohlmeise *Parus major* 14 cm

Gibt trotz ihres charakteristischen Gefieders wegen ihrer sehr abwechslungsreichen Lautäußerungen nicht selten Anlaß zu Bestimmungsproblemen. Man kann aus den verschiedenen Rufen fast immer einen arttypischen Klang heraushören, aber hin und wieder läßt man sich durch eine ausgefallene Lautäußerung täuschen. Der Gesang ist meist eine fröhlich klingelnde Folge von zwei- oder dreisilbigen Pfiffen. Das Weibchen hat ein schmaleres Band auf der Unterseite als das Männchen, und Jungvögel haben einen bräunlichen Oberkopf und gelbliche Wangen. Auf der Abbildung zeigt das rechte der beiden Männchen die auffällig gezeichnete Unterseite in einer sogenannten Drohstellung. Brütet in Wäldern aller Art, außer in reinem Nadelwald; in Parks und Gärten; aus Mangel an Naturhöhlen oft an den ausgefallensten Plätzen. Die Nahrung besteht zum größten Teil aus ölhaltigen Sämereien, in der Brutzeit jedoch hauptsächlich aus Insektenlarven und anderem kleinen Getier.

Tannenmeise *Parus ater* 11,5 cm

Unterscheidet sich von der Kohlmeise außer Färbung und Größe durch das weiße Nackenband. Wirkt auch dickköpfiger und ähnelt in den Bewegungen mehr den Goldhähnchen, mit denen sie oft vergesellschaftet ist. Bewegt sich flink und rastlos in den Baumwipfeln und auf den äußersten Zweigspitzen. Läßt bei der Nahrungssuche ein nichtssagendes „psit", manchmal „psitsitsi" hören. Ein anderer häufiger Laut ist ein klares, wehmütig flötendes „püht", ein helles „piht" und ein goldhähnchenähnliches „ssi-ssi-ssi". Die verschiedenen Gesangsvarianten lassen sich mit denen einer kleinen Kohlmeise vergleichen, aber das Tempo ist hastiger, der Ton heller und die Zusammensetzung einfacher; meist hört man ein eintöniges „wize-wize-wize". Läßt ferner ein hohes, silberhelles Schwirren hören. Vorwiegend im Nadelwald, zu gewissen Jahreszeiten von Tannen- und Fichtensamen abhängig; kann unter anderem in schlechten Zapfenjahren invasionsartige Wanderungen unternehmen. Die Jungen werden meist mit Insekten ernährt.

Blaumeise

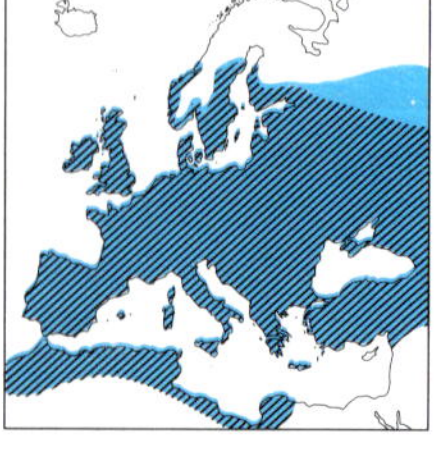

Kohlmeise

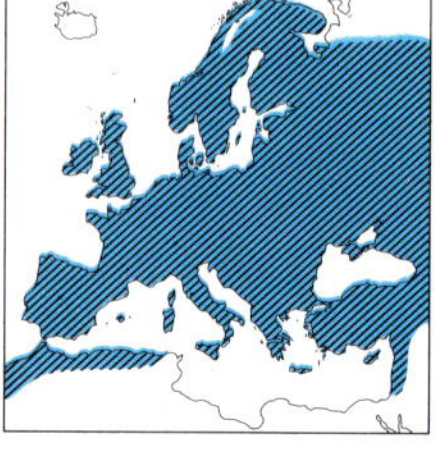

Tannenmeise

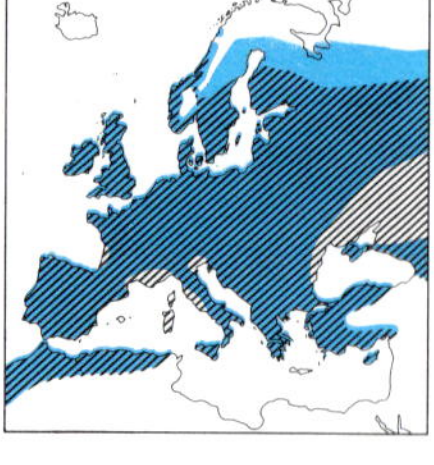

Blaumeise
Kohlmeise
Tannenmeise

Sumpfmeise, Nonnenmeise *Parus palustris* 11,5 cm

Wirkt schlanker und weniger dickköpfig als die Weidenmeise; ohne deren helles Flügelfeld, mit breiterem, aber kürzerem Kinnfleck und glänzenderem Scheitel. Jungvögel haben einen matteren Oberkopf und frisch vermauserte Sumpfmeisen manchmal ein angedeutetes helles Flügelfeld. Am leichtesten lassen sich die beiden Arten an der Stimme unterscheiden: Die Sumpfmeise hat ein explosives „pitschü“ und ein wiederholtes „tschä-tschä-tschä“ (oft zu „psitittchä-chä-chä-chät“ zusammengesetzt), ferner ein von anderen Meisenrufen schwer zu unterscheidendes „tsit“. Der Gesang ist eine einförmig wiederholte Tonfolge „tjipp-tjipp-tjipp-tjipp-tjipp“ oder „pitji-pitji ...“. Die Sumpfmeise bewohnt Laub- und Mischwald sowie Parks und Gärten, selten sumpfiges Gelände. Lebt von Insekten und Samen von Kräutern und Gräsern.

Weidenmeise *Parus montanus* 11,5 cm

Das helle Flügelfeld, der große Kopf mit dem matteren Scheitel und das hellere, flauschigere Gefieder unterscheiden die skandinavische Rasse von der Sumpfmeise; bei den südlichen Rassen kommen dazu die rostfarbenen Flanken. Diese Merkmale sind freilich nicht immer zu sehen, und man unterscheidet die beiden Arten am einfachsten an der Stimme. Am bezeichnendsten für die Weidenmeise ist ihr langgezogenes, rauhes, nasales „täh-täh-täh“. Als Kontaktlaut hört man kurze Pfiffe „ti-ti“ oder „sti-zi“. Der Gesang ist ein waldlaubsängerartiges „tü-tü-tü-tü-tü“ oder ein schnurrendes „zizezerrrr“. In Skandinavien im Unterschied zur Sumpfmeise ausschließlich in Nadel- oder Mischwald; die südlicheren Rassen ziehen sumpfige Laubholzbestände an Flüssen und Seen vor. Lebt von Insekten, Samen und Beeren.

Haubenmeise *Parus cristatus* 11,5 cm

Verrät sich wie viele Meisenarten meist zuerst durch die Stimme. Wenn man sie gut sieht, fällt sehr oft die einfarbige, fahl graubraune Oberseite am meisten auf, während die arttypische Kopfzeichnung und das Häubchen erst an zweiter Stelle kommen. Der Ruf ist ein rollendes oder klingelndes „prililill“ sowie ein zartes „tsii“. Der Gesang ist ähnlich klingelnd wie der Lockruf; er pendelt zwischen zwei Tonlagen „prililill-prelelell-prililill ...“. Ein ausgeprägter Nadelwaldbewohner, selten außerhalb zusammenhängender Waldungen zu sehen. Lebt von Spinnen, Insekten und allerlei Samen, vor allem von Nadelbäumen. Hamstert Nahrung für den Winter.

Sumpfmeise

Weidenmeise

Haubenmeise

Sumpfmeise
Weidenmeise
Skandinavien
Haubenmeise

Kleiber Familie Sittidae

Kleiber *Sitta europaea* 14 cm

Macht einen munteren, kecken Eindruck. Er ist ständig in Bewegung und klettert kopfüber und kopfunter an Stämmen und Ästen. Die Färbung der Unterseite variiert von einheitlich rostrot bei den südlichen und westlichen Rassen bis weiß bei den nördlichen und östlichen, bei denen nur die Flanken braun getönt sind. Verrät sich zumeist durch seine Stimme. Singt durchdringend langsam und falkenartig „piü, piü, piü . . .“ und hell „wiwiwiwiwiwi . . .“. Läßt außerdem das ganze Jahr, am intensivsten im Frühjahr und Herbst, ein helles „hüit“ oder „tjütt“, ein nasales, tonloses „qut“, und ein scharfes „sitt, sitt, sitt“ oder „psiit, psiit, psiit“ hören. Die Jungen in der Nisthöhle betteln mit zartem „srii, srii . . .“. Bewohnt Laubwald und Parks, vornehmlich alte Eichenbestände. Falls die Öffnung der auserwählten Nisthöhle zu groß ist, mauert er sie mit Lehm so weit zu, bis sie für ihn paßt. Lebt von Spinnen, Insekten, Nüssen und Samen. Besucht mitunter Futterhäuser.

Baumläufer Familie Certhiidae

Gartenbaumläufer *Certhia brachydactyla* 12,5 cm

Vom Waldbaumläufer am sichersten durch die Stimme zu unterscheiden. Die rostbraunen Flanken und der etwas längere Schnabel sind im Feld meist sehr schwer zu sehen. Das abweichende Verbreitungsgebiet und die Vorliebe für Laubwald sind ebenfalls wichtige Unterschiede. Der Gesang ist kürzer als der des Waldbaumläufers, wesentlich durchdringender sowie hitzig und abgehackter vorgetragen, „ssitt, ssitt, ssittereoitt“. Er verfügt ferner über ein hohes, scharfes „zrrieh“ und ein helles „züht“. Hochstämmige Laubwälder, Parks und Alleen, in den Mittelmeerländern auch Pinienhaine.

Waldbaumläufer *Certhia familiaris* 12,5 cm

Außer an der Stimme schwer vom Gartenbaumläufer zu unterscheiden. Ein flinker, schmächtiger, kleiner Vogel, der ruckweise in Spiralen an Baumstämmen emporklettert. Sobald er den rissigen, insektenreichen Teil des Stammes abgesucht hat, stürzt er sich im Flatterflug zum unteren Teil des nächsten Baumes und macht dort weiter. Hin und wieder verkündet er seine Anwesenheit mit lauten, scharfen und hohen „zrriht“ oder „ziiet“-Rufen. Der Gesang erinnert an den des Zaunkönigs; er besteht aus einigen lockrufähnlichen, zwitschernden Tönen, die mit einem zarten Triller enden. Schließt sich oft Meisenzügen an. Wälder und Parks mit Nadelbäumen. Lebt von Insekten und Spinnen.

Kleiber

Gartenbaumläufer

Waldbaumläufer

nördliche Rasse
Kleiber
Gartenbaumläufer
Waldbaumläufer

Webervögel Familie Ploceidae

Eine vorwiegend afrikanische und asiatische Familie, in Europa mit fünf Arten vertreten. Die beiden hier behandelten sind mehr oder weniger an den Menschen und seine Umwelt gebunden. Die Nahrung bilden vorwiegend Sämereien, die meist vom Boden aufgelesen werden, sowie, vor allem bei den Jungen, Insekten. Gesellschaftsvögel; wenigstens der Haussperling brütet oft kolonienweise.

Finkenvögel und Ammern Familie Fringillidae

Allen Finken gemeinsam sind der relativ dicke Schnabel, der mehr oder weniger ausgeprägte Schwarmzusammenhalt und der Bogenflug. Eine gute Hilfe bei der Bestimmung sind die Stimme, die Schnabelform, unter Umständen die Flügelzeichnung und vielleicht die Farbe des Bürzels. Buchfink, Bergfink und Karmingimpel haben einen einfachen, lauten und äußerst arttypischen Gesang, bei den übrigen Arten ist er abwechslungsreicher und kompliziert zusammengesetzt. Einige Arten singen beim sogenannten „Fledermausflug", wobei das Männchen wie im Zeitlupentempo mit tiefen Flügelschlägen über der Singwarte herumfliegt. Außer bei Buch- und Bergfink werden die Jungen hauptsächlich mit allerlei Sämereien gefüttert. Die verschiedenen Schnabelformen sind an bestimmte Gruppen von Samen oder Beeren angepaßt. Durch eine derartige Spezialisierung wird die Konkurrenz zwischen verschiedenen Arten im selben Gebiet verringert. Die Spezialisierung ist jedoch verschieden stark ausgeprägt; der Buchfink hat ein sehr breites Nahrungsspektrum, während die Kreuzschnäbel stärker an einen bestimmten Nahrungstyp gebunden sind. Im Winter streifen die Finken in Schwärmen umher und konzentrieren sich in nahrungsreichen Gebieten. Viele Arten besuchen Futterplätze.

Ammern: Diese Gruppe ist vorwiegend an Kulturland, doch zum Teil auch an Sumpfland gebunden. Erinnert an Finken, ist aber durch relativ langen Schwanz und hohen Scheitel sowie durch das Leben auf dem Boden gekennzeichnet. Der Schnabel ist auf Samennahrung spezialisiert, doch die Jungen werden mit Insekten aufgezogen. Von den 13 in Europa vorkommenden Arten treten nördlich des Mittelmeergebietes und der Alpen drei in halboffenem Gebüsch- und Gartengelände auf. Die weitverbreitete Goldammer *(Emberiza citrinella)* brütet in offener Landschaft mit Gebüsch und Feldgehölzen; sie besucht Futterstellen und ist an ihrem rostroten Bürzel kenntlich. Die Zaunammer *(E. cirlus)* kommt von Südengland, Frankreich und Süddeutschland südwärts in der Kultur- (vor allem Garten-)landschaft vor, der Ortolan *(E. hortulana)* sporadisch in großen Teilen Europas mit Ausnahme der Britischen Inseln in halboffenem Gelände mit Gebüschen und Feldgehölzen oder Baumreihen.

♂
im 1. Winterkleid
Goldammer
♀

Feldsperling *Passer montanus* 14 cm

Unterscheidet sich vom Haussperling leicht durch den einfarbig rotbraunen Scheitel und den schwarzen Wangenfleck sowie durch den oft sehr auffälligen weißen Halsring. Beide Geschlechter sind gleich. Bewohnt vor allem die offene Kulturlandschaft im Umkreis von Dörfern und Städten, ist kein ausgeprägter Stadtvogel wie der Haussperling. Brütet in Baumhöhlen, in Feldgehölzen und an Waldrändern. Besetzt oft Nistkästen, die für andere Vögel bestimmt sind. Diese bringt man daher am besten niedrig (ca. 1½ – 2 m hoch) an, da der Feldsperling selten niedriger als 2 m hoch nistet. Streift weiter umher als der Haussperling und tut sich auf Feldern und Wiesen nicht selten mit Finken und Ammern zusammen. Die dicht geschlossenen, oft mit beträchtlicher Geschwindigkeit zielstrebig geradeaus fliegenden Schwärme verraten sich durch den harten Lockruf, ein schnelles, lautes „teck-teck-teck . . .". Oft mit Haussperlingen vergesellschaftet, schwatzt wie diese „tret-trett". Verzehrt in höherem Maße als sein Verwandter Sämereien, aber auch Insekten. Besucht auch Futterstellen.

Haussperling *Passer domesticus* 15 – 18 cm

Der ausgeprägteste Stadtvogel. Ein Schwarm lärmender Haussperlinge in einer Hecke oder einem Gebüsch ist kaum zu verwechseln — höchstens mit Feldsperlingen, die jedoch einen rotbraunen Scheitel, einen schwarzen Wangenfleck, einen weißen Kragen und einen mehr goldbraunen Bürzel haben (siehe oben). Draußen in der Feldmark ist er manchmal schwerer zu bestimmen, vor allem das Weibchen, dessen Kleid „ohne besondere Kennzeichen" ist. Das ausgefärbte Männchen ist bunter, hat aber in der Großstadt oft ein verschmutztes Gefieder, so daß der Vogel recht dunkel aussieht. Bei der Mauser (August – Oktober) legt das Männchen ein mehr beigebraunes Kleid an. Der schwarze Kinnfleck wird von hellen Federsäumen verdeckt, und die grauen und leberbraunen Teile des Kopfgefieders sind beige getönt. Diese Säume nützen sich nach und nach ab, und zum Frühsommer hin sind die Farben am leuchtendsten. Die Stimme ist ein monotones schwätzendes „tjipp", „tjapp" oder „tschirp"; große Schwärme können einen ohrenbetäubenden Lärm erzeugen. Im Flug hört man auch ein kürzeres „twitt". Nistet in Höhlen aller Art, meist unter Dachpfannen, kann aber sein Nest auch frei in einem Baum oder im Gebüsch anlegen. Das große, unordentlich aussehende, doch kunstvoll gebaute Nest ist überdacht und hat einen seitlichen Eingang. Solche freistehenden Nester sind bei uns selten, in Südeuropa aber ziemlich häufig. Der Haussperling ist Allesfresser, aber die Grundnahrung bilden Sämereien und Insekten.

Feldsperling

Haussperling

Feldsperling
♂
(Winte
♀
Haussperling
♂
(balzend)

Buchfink *Fringilla coelebs* 15,5 cm

Das Männchen ist leicht zu erkennen, das Weibchen sieht unscheinbarer aus. Im Sitzen und im Fluge sind bei beiden die weißen Flügelbinden und Außensteuerfedern auffällige Kennzeichen. Nach der Herbstmauser bekommt das Gefieder des Männchens einen beigebraunen Anflug, und besonders der Kopf wird dem des Weibchens sehr ähnlich, bis zur Brutzeit nützen sich die hellen Federsäume nach und nach ab. Der Gesang ist eine schneller werdende Tonfolge mit einem abschließenden, gegendenweise verschiedenen, aber immer lauten und klangvollen Schnörkel. Mit ihm zeigt das Männchen an, daß das Revier besetzt ist. Innerhalb des relativ großen Reviers finden wie beim Bergfinken alle Brutaktivitäten statt. Der Lockruf ist ein hohes, klingendes „fink", der Flugruf ein weicheres „tjüpp", der Warnruf ein monoton wiederholtes „hüitt". Häufiger Brutvogel in Wäldern, Parks und Gärten, auch in alleinstehenden Bäumen in der Feldmark. Hält sich im Winter großenteils draußen auf den Feldern auf, häufig mit anderen Finken zusammen. Zieht im Verband, oft gemeinsam mit Bergfinken. Die im Norden des Verbreitungsgebiets überwinternden Vögel sind vorwiegend Männchen. Ernährt sich zur Brutzeit zum großen Teil von Insekten, während des restlichen Jahres von Sämereien.

Bergfink *Fringilla montifringilla* 15,5 cm

Sehr häufig im Norden Skandinaviens, wo er den Buchfinken ersetzt. Von weitem am leichtesten am weißen Bürzel zu erkennen, manchen jungen Weibchen fehlt dieses Merkmal; sie sehen aus der Nähe buntscheckig aus, mit oranger Brust und ebensolchen Schultern. Das Männchen ist auffälliger gefärbt als das Weibchen und hat im Winter einen hellen Schnabel mit dunkler Spitze. Zum Spätwinter bzw. Frühling hin werden Kopf und Mantel durch Abnutzung der hellen Federsäume rußschwarz. Fliegende Schwärme locken unaufhörlich mit charakteristischem, eintönig quäkendem „äch". Der Gesang, den man mitunter auch während des Frühjahrszuges hört, ist ein grünlingsartiges, langgedehntes „dschwähsch". Zieht im Winter nach Süden, wo man ihn in Flügen in der Feldmark und in Waldungen trifft. Seine Lieblingsnahrung sind Bucheckern und Hainbuchenfrüchte. In Buchenwäldern finden sich oft große Flüge zusammen. Oft mit Buchfinken vergesellschaftet, besucht wie diese nicht selten Futterplätze und Stellen, wo Korn gestreut wird.

Buchfink

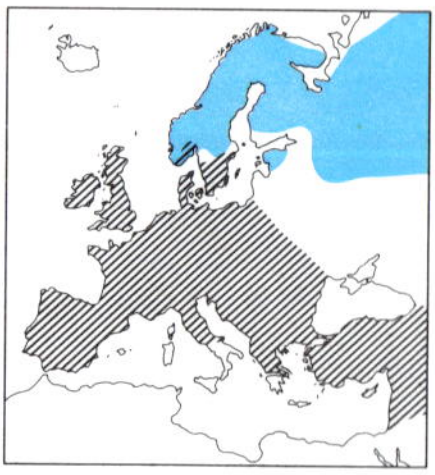

Bergfink

Buchfink
♂
♂
♀
im Winter
Bergfinken im Winter
♀
♂

Zeisig *Carduelis spinus* 12,5 cm

Im Sitzen läßt sich das Männchen mit seinem kontrastreichen gelbgrün-schwarzen Gefieder leicht bestimmen. Das Weibchen ist schlichter grau gekleidet, unterscheidet sich aber vom Birkenzeisig durch den grüngelben Anflug. Während der Brutzeit ist der Zeisig stark an den Fichtenwald gebunden; er ernährt sich dann von den Samen, die er mit seinem spitzen Schnabel aus den halbgeöffneten Zapfen herausholt. Sein Vorkommen als Brutvogel hängt daher sehr vom örtlichen Angebot an Fichtensamen ab. Im Frühjahr und Sommer sind Begegnungen mit Zeisigen gewöhnlich kurz und flüchtig; meist wird man erst durch den Gesang aufmerksam gemacht. Das Männchen trägt sein rollendes, in verschiedenen Tonlagen wechselndes Lied von der Spitze einer Fichte oder in ekstatischem Fledermausflug vor. Es erinnert an das Lied des Gelbspötters, ist aber schneller, mehr zwitschernd und leicht knarrend, und die Strophe endet oft mit einem gedehnten, kratzenden „krrieee". Wenn im Spätsommer die Samen aus den Zapfen fallen, ziehen die Zeisige mit ihren flüggen Jungen von den Bergen herunter. Dann bilden die Samen von Erle und Birke die Hauptnahrung, und die Schwärme klettern eifrig und geschickt im Gezweig umher. In unruhigem Wellenflug geht es von Baum zu Baum. Von den eng zusammenhaltenden Flügen hört man zeternde Rufe und lautes „silö" oder „dselü".

Grünling *Carduelis chloris* 15 cm

Unser größter gelbgrüner Fink, mit starkem Schnabel und von kräftiger Gestalt. Im Herbst hat er eine recht matte und unansehnliche Grundfärbung. Dann fällt zunächst der gelbe Flügelstreif auf, manchmal auch der gelblich grüne Bauch, während die Schwanzzeichnung erst im Flug sichtbar wird. Das Gelb leuchtet auf, wenn ein Schwarm Grünlinge von einem Wegrain oder einem anderen Lieblingsplatz mit vielen Unkräutern auffliegt. Im Flug hört man ein schnelles, hüpfendes „djürürrüpp"; der Lockruf ist ein weiches „dwoit". Zur Brutzeit verrät sich das Männchen meist durch sein von einer hohen Singwarte aus vorgetragenes Lied, das aus gereihten rollenden Pfeif- und Zwitscherlauten und einem kreischenden „dschwähsch" (dem sogenannten „Schwunschen") besteht. Der Vollgesang ist sehr klangvoll und erinnert an den des Kanarienvogels. Während der intensivsten Gesangsperiode führt das Männchen auch einen Singflug mit langsamen, rudernden Flügelschlägen aus (siehe oben Zeisig). Zu dieser Zeit (ab März) hat sich durch Abnützung der hellen Federsäume die Grüntönung des Gefieders verstärkt. Der Grünling ist häufig im offeneren Gelände, in Parks und Gärten der Stadt bis zu Feldgehölzen und Heidegebieten. Lebt von allerlei Sämereien und kommt im Winter gern an Futterstellen, vor allem, wenn Hanf- und Sonnenblumensamen geboten werden.

Zeisig

Grünling

♀
♂
juv.
Zeisig
juv.
♂
♀
Grünling

Stieglitz *Carduelis carduelis* 13 cm

Stimme und Aussehen unverwechselbar. Oft haben sich die herannahenden Vögel schon durch ihr typisches, sanftes und doch etwas spitzes „stickelitt" angekündigt, ehe man sie entdeckt. Wenn sie dann in tiefen Bögen angeflogen kommen oder sich auf einem Distelbestand niederlassen, ist ihre Buntheit überwältigend. Jungvögel unterscheiden sich von jungen Grünlingen und Zeisigen durch den ganz schwarzen Schwanz und eine typische Flügelzeichnung, die der der Altvögel gleicht. Die juvenile Kopfzeichnung tragen sie manchmal bis weit in den Oktober hinein; später gleichen sie den Altvögeln. Der Gesang, ein typisches Finkengezwitscher, ist am leichtesten an den eingewobenen Lockrufen zu erkennen. Mit seinen relativ kurzen Beinen und seinem langen, spitzen Schnabel ist der Stieglitz Spezialist für tief sitzende Distelsamen. Daher stößt man im Herbst und Winter besonders im Ödland, wo Disteln und ähnliches Unkraut gedeihen, auf umherstreifende Scharen, aber auch in Birken- und Erlenbeständen (häufig zusammen mit Zeisigen). Die Jungen werden dagegen zum großen Teil mit Insekten gefüttert. Im Frühjahr und Sommer in lichtem Laubwald, in Parks und Gärten.

Gimpel, Dompfaff *Pyrrhula pyrrhula* 16 cm

Leicht zu bestimmen. Beiden Geschlechtern sind das schwarze Käppchen, die weiße Flügelbinde und der weiße Bürzel gemeinsam. Jungvögel ähneln den Weibchen, aber ihnen fehlt das schwarze Käppchen, und die Flügelbinde ist schmutzig weiß. (Die Vögel der Britischen Inseln sind etwas kleiner und matter gefärbt.) Der Gesang hört sich an wie ein ganz leises knarrendes Geplauder, vermischt mit Quietschtönen und weichen Pfiffen. Der Lockruf ist ein weiches, klagendes „djüh". Durch ihn verrät sich der Gimpel, der im Sommer ein verstecktes Leben führt. Im Spätherbst und Winter wird man ebenso oft durch die roten Bäuche der Männchen auf einen Trupp Gimpel aufmerksam, der stumm die Früchte einer Esche oder eines Ahorns bearbeitet. Im Winter findet sich der Gimpel pünktlich mit dem ersten richtigen Frost oder tiefen Schnee am Futterhaus ein. Während dieser Zeit und im Frühling sucht er aus Mangel an anderer Nahrung gern Gärten, Obstgärten und ähnliche Stellen auf, wo es reichlich zarte Knospen gibt, die einen Teil seiner Nahrung bilden. Verzehrt auch Beeren und weichschalige Früchte von größeren Kräutern. Der klobige Schnabel ist an solcherlei Nahrung angepaßt. Er nimmt sie direkt von Zweigen und Stengeln, selten vom Boden. Brütet in West- und Mitteleuropa in Laubwald, Parks und Gärten, in Skandinavien in dichtem Fichten- und Fichtenmischwald.

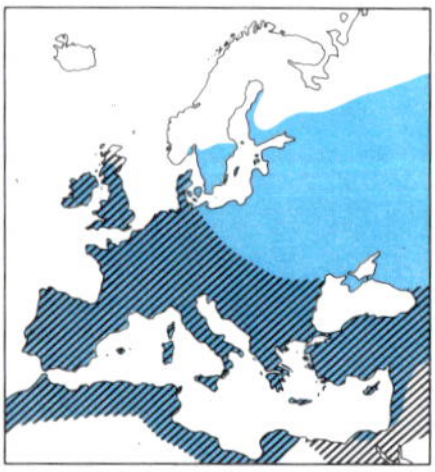

Stieglitz

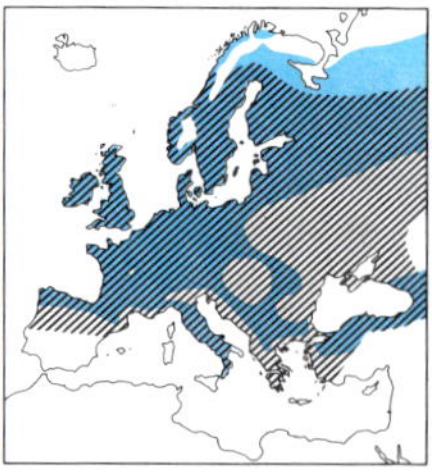

Gimpel

juv.
Stieglitz
♂
juv.
Gimpel
♀

Kernbeißer *Coccothraustes coccothraustes* 18 cm

Trotz seines bunten Gefieders und seines gewaltigen Schnabels wird der scheue und heimliche Vogel oft übersehen. Meist verrät er sich durch ein explosives „zick“ oder ein zischendes „srri“. Meist sehen wir den dicken, gedrungenen Finken in Wipfelhöhe aus einer Waldlichtung bogig davonfliegen; dabei fallen die weißen Flügelbinden am deutlichsten auf. Oder er fliegt plötzlich in einem Park oder Wald vom Boden auf, wobei die weiße Endbinde des Schwanzes aufleuchtet. Der Schnabel ist im Sommer blaugrau, im Winter gelblich, auch die Jungvögel haben einen gelblichen Schnabel sowie eine gelblich braune, quergebänderte Brust. Gesichtsmaske und Kehlfleck sind weniger ausgeprägt. Das Weibchen ist matter und weniger kontrastreich gefärbt als das Männchen. Kommt spärlich in Laub- und Mischwald, in Parks und in dicht bewachsenem Gartengelände vor. Mit seinem überdimensionalen Schnabel kann der Kernbeißer hartschalige Obstkerne, z. B. Kirschkerne, knacken; sie sucht er am Boden unter den Obstbäumen. Seine Hauptnahrung bilden jedoch die Früchte von Buche, Ahorn und Ulme, ferner Knospen und Insekten. Im Winter tun sich kleinere oder größere Flüge zusammen, die umherstreifen und gelegentlich am Futterhaus erscheinen.

Girlitz *Serinus serinus* 11,5 cm

Tritt oft paarweise oder in kleinen Flügen auf; dabei ist das Männchen leicht an seinen kanariengelben Gefiederteilen zu erkennen. Beim Auffliegen sind der gelbe Bürzel, der dunkle Schwanz und das Fehlen einer leuchtenden Flügelzeichnung gute Bestimmungsmerkmale. Die geringe Größe und der kurze, dicke Schnabel sind ebenso auffällig. Oft schwer zu entdecken; daher ist die Stimme eine wertvolle Bestimmungshilfe. Im Flug hört man meist ein klirrendes „tirrillillit“ oder „zr’r’rilitt“, aber auch ein weniger leicht bestimmbares grünlingähnliches „djüi“. Der von einem Baumwipfel oder im Singflug vorgetragene Gesang ist sehr typisch: ein anhaltendes hastiges Knirschen wie von Glassplittern. Kommt in Parks, Gärten und in der offenen Kulturlandschaft mit Feldgehölzen und Alleen (am liebsten mit einigen Nadelbäumen) vor; im Mittelmeergebiet meist in Pinienhainen. Lebt von allerlei Samen von Bäumen, Gräsern und Kräutern, die er, wie der kurze, dicke Schnabel verrät, zum großen Teil vom Boden aufliest.

Kernbeißer

Girlitz

Kernbeißer
♀
♂

Girlitz
♂
♀

Birkenzeisig *Acanthis (Carduelis) flammea* 13–15 cm

Kommt in mehreren, in Färbung und Größe stark voneinander abweichenden Rassen vor. Die britische und mitteleuropäische Rasse *(cabaret)*, die selten auch in Dänemark brütet, ist kleiner und dunkler als die nordskandinavische *(flammea)*. Die schwarze und rote Gesichtszeichnung, die den Jungvögeln fehlt, tritt erst in der Nähe hervor. Das flauschige Gefieder und der rosige Bürzel und die ebensolche Brust des Männchens sind weitere auffallende Merkmale. Die in Birken und Erlen umherstreifenden Flüge erinnern sehr an Zeisige, doch unterscheidet sich ihr Flugruf, ein eifrig wiederholtes „djäck, djäck, djäck ...", von deren mehr zeterndem Ruf. Der Lockruf ist ein weiches, etwas fragendes „djüii". Das Vorkommen außerhalb des Brutgebietes ist starken Schwankungen unterworfen; tritt in manchen Jahren invasionsartig in sehr großer Zahl auf, in anderen sehr selten.

Hänfling *Acanthis (Carduelis) cannabina* 13,5 cm

Im Sommer sind zumindest die prächtigen älteren Männchen kaum mit irgendeiner anderen Finkenart zu verwechseln. Im Fluge fallen der braune Rücken und die weißen Schwingensäume auf. Die Weibchen sind manchmal schwerer einzuordnen, aber da die Vögel meist paarweise oder in Flügen auftreten, sind in der Praxis beide Geschlechter leicht zu bestimmen. Die charakteristische Wangenzeichnung, die man jederzeit beim Hänfling sieht, verleiht ihm einen arttypischen Gesichtsausdruck, der sich z. B. von dem des Birkenzeisigs sowie junger Grünlinge und Zeisige unterscheidet. Der Flugruf, ein holpriges, stotterndes „tett-tett-terett", erinnert an den des Grünlings. Der Vollgesang, eine angeregt ineinander verwobene Folge von zwitschernden, schwirrenden und flötenden Tönen, ist äußerst wohlklingend. Mitunter jedoch lassen Männchen, manchmal auch Weibchen, eigentlich nur ein Geplauder mit finkenartigen Lockrufen und munterem Gezwitscher hören. Vorwiegend an offene Kulturlandschaft gebunden; brütet in Gärten, buschreichen Laubwäldern und Heiden.

Der Berghänfling *(A. flavirostris)*, ein naher Verwandter, der in Norwegen und auf den Britischen Inseln brütet, überwintert an den Küsten Westeuropas und der Ostsee. Unterscheidet sich vom Hänfling durch einheitliche honigbraune Grundfärbung und (im Winter) ebensolchen Schnabel sowie durch den rosafarbenen Bürzel des Männchens.

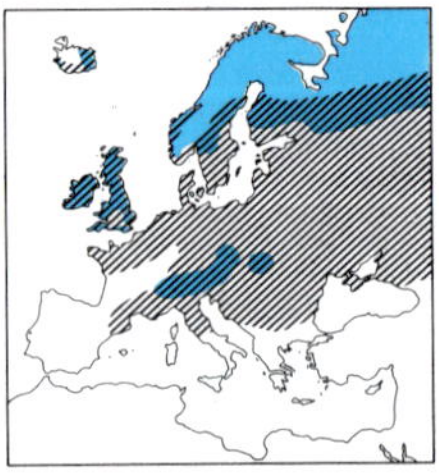

Birkenzeisig
Hänfling

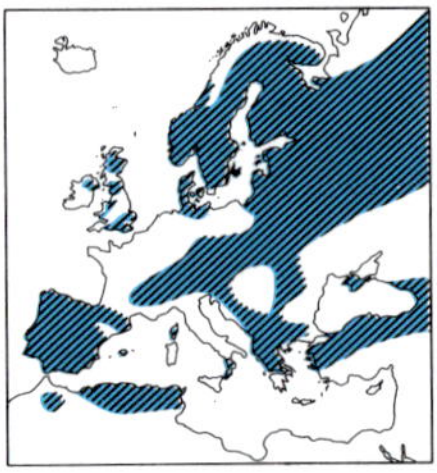

Karmingimpel
Fichtenkreuzschnabel
Kiefernkreuzschnabel
(s. nächste Textseite)

nordische
Rasse (Herbst)
Birkenzeisig
ritisch-
itteleuropäische
asse (♂ Sommer)
♂
♂ im Herbst
Hänfling ♀

Karmingimpel *Carpodacus erythrinus* 14,5 cm
Das Männchen unterscheidet sich durch das kräftige Rot an Kopf, Brust und Bürzel von allen anderen rötlichen Finken. Es legt das rote Kleid erst im zweiten Lebensjahr an; Intensität und Ausdehnung der roten Farbe sind bei den einzelnen Vögeln oft unterschiedlich. Anders als viele andere Finken treten Karmingimpel oft einzeln auf, dann sind Weibchen und junge Männchen oft schwer zu bestimmen; auffallend sind jedoch immer der verhältnismäßig kräftige Schnabel und das Fehlen farblicher Kontraste. Der Flug ist bogenförmig. Der Lockruf ist ein weiches „djüi", manchmal klar, meist jedoch etwas rauh und gequetscht. Das Männchen, das erst Ende Mai ankommt, singt ein grelles, aber etwas wehmütiges „ste-widje-widjü". Die Silbenzahl wechselt, und manche Männchen zwitschern leise zwischen den einzelnen Strophen. Kommt in verschiedenen unterholzreichen Biotopen vor. Lebt von Sämereien, Knospen, Beeren und Insekten. Breitet sich stark nach Westen aus.

Fichtenkreuzschnabel *Loxia curvirostra* 17 cm
Ein großer, kräftiger Fink von gedrungener Gestalt. Der beim Männchen rote, beim Weibchen grüngelbe Bürzel fällt im Flug am meisten auf. Jungvögel haben manchmal eine doppelte hellbeigefarbene Flügelbinde, so daß man sie mit jungen Bindenkreuzschnäbeln *(L. leucoptera)* verwechseln könnte; diese haben jedoch breitere, reinweiße Flügelbinden und Oberarmschwingen mit deutlich weißen Spitzen. Ein- und zweijährige, nicht voll ausgefärbte Männchen tragen manchmal ein vorwiegend grüngelbes bis orangefarbenes Gefieder. Der Kontakt- oder Flugruf ist ein charakteristisches metallisches „küpp". Der grünlingsartige Gesang ist ein unregelmäßiges, hastiges Gemisch aus Gezwitscher, kreischenden Lauten und Lockrufen. Ein ausgeprägter Nadelwaldbewohner, der das ganze Jahr über vom Angebot an Zapfen, vor allem von Fichten, abhängig ist und in manchen Jahren aus Nahrungsmangel invasionsartige Wanderungen unternimmt.

Kiefernkreuzschnabel *Loxia pytyopsittacus* 18 cm
Dem Fichtenkreuzschnabel sehr ähnlich. Ältere Vögel sind aus der Nähe an ihrem dickeren Schnabel zu bestimmen. Die Stimme klingt tiefer, aber die Variationsbreite ist bei beiden Arten so groß, daß die Unterscheidung im Feld allein nach der Stimme in der Praxis oft unmöglich ist. Bevorzugt Kiefernwälder.

Verbreitungskarten siehe Seite 116

Fichtenkreuzschnabel juv.

♀
♂
♂
Karmingimpel
Fichtenkreuzschnabel
♂
Kiefernkreuzschnabel
♂
♀
Fichtenkreuzschnabel

Zeisig
Grünling
Girlitz
Stieglitz
Birkenzeisig
Hänfling

im Winter
Bergfink ♂
♂ Buchfink
Gimpel ♂
Kernbeißer
♀
♂
Karmingimpel ♂
Fichtenkreuzschnabel

Literaturhinweise

Die Bücher über die Vogelwelt Europas sind so zahlreich, daß es schwer ist, eine repräsentative Auswahl zu treffen; die folgende Liste ist daher nur als Vorschlag anzusehen.

Berndt, R., u. W. Meise (1959 – 1966): Naturgeschichte der Vögel, 3 Bde. Stuttgart

Bruun, B., A. Singer u. C. König (1974): Der Kosmos-Vogelführer. Stuttgart

Cerny, W. u. K. Drchal (1977): Welcher Vogel ist das? Kosmos Stuttgart

Frieling, H. (1977): Was fliegt denn da? Kosmos Stuttgart

Géroudet, P., u. P.-A. Robert (1947 – 1957): La vie des oiseaux. 6 Bde. Neuchâtel u. Paris

Glutz v. Blotzheim, U. (1962): Die Brutvögel der Schweiz. Aarau

Harrison, C. (1975): Jungvögel, Eier und Nester aller Vögel Europas, Nordafrikas und des Mittleren Ostens. Hamburg u. Berlin

Heinzel, H., R. Fitter u. J. Parslow (1972): Pareys Vogelbuch. Hamburg u. Berlin

Hoeher, S. (1976): Vogelkinder und ihre Eltern. Kosmos Stuttgart

König, C. (1966 – 1970): Europäische Vögel. 3 Bde. Stuttgart

Makatsch, W. (1966): Wir bestimmen die Vögel Europas. Radebeul u. Melsungen

Mebs, T. (1977): Eulen und Käuze. Kosmos Stuttgart

Mebs, T. (1977): Greifvögel Europas. Kosmos Stuttgart

Morbach, J. (1929 – 1939, 1940, 1943, 1962 – 1963): Vögel der Heimat. 9 Bde. Esch-Alzette

Niethammer, G. (1937 – 1942): Handbuch der deutschen Vogelkunde. 3 Bde. Berlin

Niethammer, G., K. Bauer, U. Glutz v. Blotzheim & E. Bezzel (1966 –   ): Handbuch der Vögel Mitteleuropas. (Bisher 6 Bde. erschienen.) Frankfurt/M.

Peterson, R., G. Mountfort & P. A. D. Hollom (1976): Die Vögel Europas. Hamburg u. Berlin

Porter, R. F., J. Willis, St. Christensen & B. P. Nielsen (1974): Flight Identification of European Raptors. Berkhamsted

Rohm, G.-W. (1976): Bunte Welt der Vögel. Kosmos Stuttgart

Scott, P. (1962): Das Wassergeflügel der Welt. Hamburg u. Berlin

Vaurie, C. (1959, 1965): The Birds of the Palearctic Fauna. London u. New York

Voous, K. H. (1962): Die Vogelwelt Europas und ihre Verbreitung. Hamburg u. Berlin

Witherby, H. F., F. C. R. Jourdain, N. F. Ticehurst & B. W. Tucker (1949): The Handbook of British Birds. 5 Bde. London

Wüst, W. (1970): Die Brutvögel Mitteleuropas. München

Deutschsprachige ornithologische Zeitschriften und Vereinigungen

Bundesrepublik Deutschland	
Journal für Ornithologie	Deutsche Ornithologen-Gesellschaft
Die Vogelwarte	Deutsche Ornithologen-Gesellschaft
Wir und die Vögel	Deutscher Bund für Vogelschutz
Die Vogelwelt	
Die Welt der Vögel	
Anzeiger der ornithologischen Gesellschaft in Bayern	Ornithologische Gesellschaft in Bayern
Charadrius	Gesellschaft Rheinischer Ornithologen
Deutsche Demokratische Republik	
Der Falke	Kulturbund der DDR
Beiträge zur Vogelkunde	
Österreich	
Egretta	Österreichische Gesellschaft für Vogelkunde
Schweiz	
Der Ornithologische Beobachter	Ala, Schweizerische Gesellschaft für Vogelkunde und Vogelschutz

Register

Aaskrähe 70
Acanthis cannabina 116
flammea 116
Accipiter gentilis 26
nisus 26
Aegithalos caudatus 96
Aegolius funereus 46
Amsel 92
Anthus trivialis 62
Aquila clanga 32
pomarina 32
Asio flammeus 44
otus 44
Auerhuhn 36

Baumfalke 5
Baumpieper 60, 62
Bergfink 104, 108
Berglaubsänger 74
Bindenkreuzschnabel 118
Birkenzeisig 116
Birkhuhn 36
Blaukehlchen 75
Blaumeise 96, 98
Blauracke 50
Blauschwanz 75
Blutspecht 56
Bombycilla garrulus 72
Bonasa bonasia 38
Braunkehlchen 75
Bubo bubo 44
Buchfink 104, 108
Buntspecht 56
Buschrohrsänger 5
Buschspötter 74
Buteo buteo 30

Caprimulgus europaeus 48
Carduelis cannabina 116
carduelis 112
chloris 110
flammea 116
spinus 110
Carpodacus erythrinus 118
Certhia brachydactyla 102
familiaris 102
Circaetus gallicus 25
Coccothraustes cocco-
thraustes 114
Columba oenas 40
palumbus 40
Coracias garrulus 50
Corvus corone 70
corone cornix 70
corone corone 70
monedula 70
Cuculus canorus 48

Dendrocopos leucotos 56
major 56
medius 58
minor 58
Dohle 70
Dompfaff 112
Dorngrasmücke 78
Dreizehenspecht 5
Dryocopus martius 53

Eichelhäher 68
Elster 68
Emberiza citrinella 104
cirlus 104
hortulana 104
Erithacus rubecula 90

Falkenbussard 30
Feldsperling 106
Ficedula albicollis 86
hypoleuca 86
parva 84
Fichtenkreuzschnabel 118
Fischadler 24
Fitis 74, 80
Fringilla coelebs 108
montifringilla 108

Garrulus glandarius 68
Gartenbaumläufer 102
Gartengrasmücke 78
Gartenrotschwanz 88
Gelbspötter 74, 82
Gimpel 112
Girlitz 114
Glaucidium passerinum 46
Goldammer 104
Graureiher 5
Grauschnäpper 84
Grauspecht 54
Grauwürger 64
Grünlaubsänger 80
Grünling 110
Grünspecht 54

Habicht 26
Hänfling 116
Hakengimpel 5
Halsbandschnäpper 86
Haselhuhn 38

Haubenmeise 96, 100
Hausrotschwanz 88
Haussperling 106
Heckenbraunelle 61, 72
Heidelerche 62
Hippolais caligata 74
icterina 82
polyglotta 82
Hohltaube 40

Jynx torquilla 58

Karmingimpel 104, 118
Kernbeißer 114
Kiefernkreuzschnabel 118
Klappergrasmücke 78
Kleiber 102
Kleinspecht 58
Kohlmeise 96, 98
Kolkrabe 70
Kuckuck 48

Lanius collurio 62
excubitor 64
minor 64
senator 64
Lapplandmeise 5
Loxia curvirostra 118
leucoptera 118
pytyopsittacus 118
Lullula arborea 62
Luscinia luscinia 75, 90
megarynchos 75, 90
svecica 75
Lyrurus tetrix 36

Mäusebussard 30
Milvus migrans 28
milvus 28
Misteldrossel 94
Mittelspecht 58
Mönchsgrasmücke 76
Muscicapa striata 84

Nachtigall 75, 90
Nachtschwalbe 48
Nebelkrähe 70
Neuntöter 60, 62
Nonnenmeise 100
Nordlaubsänger 74
Nucifraga caryocatactes 68

Oenanthe oenanthe 75
Oriolus oriolus 66
Orpheusspötter 82
Ortolan 5, 104

Parus ater 98
caeruleus 98
Parus cristatus 100
major 98
montanus 100
palustris 100
Passer domesticus 106
montanus 106
Pernis apivorus 30
Phoenicurus ochruros 88
phoenicurus 88
Phylloscopus bonelli 74
borealis 74
collybita 80
sibilatrix 80
trochiloides 80
trochilus 80
Pica pica 68
Picus canus 54
viridis 54
Pirol 60, 66
Provencegrasmücke 74
Prunella modularis 72
Pyrrhula pyrrhula 112

Rabenkrähe 70
Rauhfußbussard 30
Rauhfußkauz 46
Regulus ignicapillus 82
regulus 82
Ringdrossel 75
Ringeltaube 40
Rotdrossel 94
Rotkehlchen 75, 90
Rotkopfwürger 64
Rotmilan 24, 28
Rotrückenwürger 60, 62

Saxicola rubetra 75
torquata 75
Schelladler 32
Schlagschwirl 5
Schlangenadler 25
Schleiereule 44
Schreiadler 32
Schwanzmeise 96
Schwarzkehlchen 75
Schwarzmilan 28
Schwarzspecht 53
Schwarzstirnwürger 64
Schwarzstorch 5
Scolopax rusticola 38
Seidenschwanz 72
Serinus serinus 114
Singdrossel 94
Sitta europaea 102
Sommergoldhähnchen 82
Sperber 26
Sperbereule 5
Sperbergrasmücke 76

Sperlingskauz 46
Sprosser 75, 90
Star 60, 66
Steinkauz 46
Steinschmätzer 75
Stieglitz 112
Streptopelia decaocto 42
turtur 42
Strix aluco 46
Sturnus vulgaris 66
Sumpfmeise 100
Sumpfohreule 44
Sylvia atricapilla 76
borin 78
communis 78
curruca 78
nisoria 76
undata 74

Tannenhäher 68
Tannenmeise 96, 98
Tarsiger cyanurus 75
Tetrao urogallus 36
Trauerschnäpper 86
Troglodytes troglodytes 72
Turdus iliacus 94
Turdus merula 92
philomelos 94
pilaris 92
torquatus 75
viscivorus 94
Türkentaube 42
Turteltaube 42
Tyto alba 44

Uhu 44
Upupa epops 50

Wacholderdrossel 92
Waldbaumläufer 61, 96, 102
Waldkauz 46
Waldlaubsänger 80
Waldohreule 44
Waldschnepfe 38
Waldwasserläufer 5
Weidenmeise 96, 100
Weißrückenspecht 56
Wendehals 52, 58
Wespenbussard 30
Wiedehopf 50
Wintergoldhähnchen 74, 82, 96

Zaunammer 5, 104
Zaunkönig 61, 72
Zeisig 110
Ziegenmelker 48
Zilpzalp 80
Zwergschnäpper 84